Kontaktadresse nach EU-Produktsicherheitsverordnung:
produktsicherheit@fischerverlage.de

In acht Erzählungen verdichtet Iwan Bunin Momentaufnahmen des russischen Landlebens am Vorabend des Ersten Weltkrieges und der Revolution. In der Erzählung ›Gespräch in der Nacht‹ erzählt der Knecht Paschka nicht ohne Stolz, wie er einen Aufständischen abgestochen hat. Die Erzählerin in ›Ein gutes Leben‹ berichtet von ihrem sozialen »Aufstieg« und welche Entbehrungen und Demütigungen sie das kostete. Sie alle verbindet ein grausames Schicksal, dem sie unbändigen Überlebenswillen entgegensetzen. Iwan Bunin kennt wie kein anderer die Härte des russischen Landlebens, voller Empathie bettet er die Leben all dieser Vergessenen in wunderbare Landschaftsbilder ein.

»Nehmen Sie Bunin aus der russischen Literatur heraus und sie wird glanzlos, verliert ihren Regenbogenschein und das Sternenlicht seiner einsamen Wanderseele.« *Maxim Gorki*

Iwan Bunin, 1870 geboren, erhielt 1933 als erster Russe den Nobelpreis für Literatur. Berühmt wurde er vor allem durch seine Novellen ›Der Herr aus San Francisco‹ (1915) und ›Mitjas Liebe‹ (1925). 1920 emigrierte er nach Paris, wo er 1953 starb.

Weitere Informationen finden Sie auf www.fischerverlage.de

Iwan Bunin

Gespräch in der Nacht

Erzählungen 1911

Aus dem Russischen
von Dorothea Trottenberg

Herausgegeben und mit einem Nachwort
von Thomas Grob

FISCHER Klassik

Die Übersetzung folgt der Ausgabe
›Polnoe sobranie sotschinenij‹ I. A. Bunina.
Petrograd: A. F. Marks 1915
(Erz. 1-6 aus Bd. V, S. 206-315; Erz. 7 und 8
aus Bd. VI, S. 126-128 und 142-148)

Die Übersetzerin dankt der Pro Helvetia, Schweizer Kulturstiftung,
für die Unterstützung der Arbeit an diesem Buch.

2. Auflage

Druck und Bindung: BoD – Books on Demand GmbH,
Norderstedt, Germany
ISBN 978-3-596-90614-7

Iwan Bunin

Hundertacht

Früh spürt man den Herbst, seine Ruhe. Es ist Anfang August, scheint aber eher wie in einem heiteren September, wenn es nur an einem windstillen, sonnigen Plätzchen noch heiß ist.

Der Lehrer Iwanizki, ein junger, aber ungewöhnlich ernsthafter Mann, der beim kleinsten Anlaß in tiefe Gedanken versinkt, geht gemächlich den sanft ansteigenden Hügel hinauf, über den Viehweg durch das Anwesen der bettelarmen Fürsten Koselski. Der Lehrer hat die eine Hand hinter den breiten Gürtel gesteckt, mit dem sein langes Hemd aus Bastseide zusammengehalten wird, zupft mit der anderen die Enden seines spärlichen weißblonden Schnurrbarts, hält die langgestreckte, magere Gestalt gebeugt und kneift die wachsamen grünlichen Augen zusammen. Mit seinem Spaziergang nimmt er Abschied vom Dorf – dieser Tage wird er nach Moskau fahren, zur Universität.

Auf dem Viehweg liegt Schatten. Rechter Hand ist ein großer Garten hinter einem Wall aus Stroh, linker Hand eine alte Schmiede, ein zerfallener Hundezwinger, leere, aus rosa Ziegeln gebaute Getreidedarren und dazwischen die Einfahrt zu einem unübersehbar großen, gleichfalls leeren Dreschplatz. Über dem schon lichter gewordenen Garten liegen Stille und schräger Sonnenglanz; hier und da schillert goldenes Spinngewebe in allen Regenbogenfarben; still liegen Schattenflecke unter den Apfelbäumen; bisweilen fällt mit einem kurzen, dumpfen Schlag ein reifer Apfel in das seidige, trockene Gras. Auf dem eingesunkenen Grasdach der Schmiede wuchert allenthalben samtig-smaragdgrünes, bräunlich schattiertes Moos. Die abgedeckten Darren sind schwer und wuchtig und künden mit ihren Umrissen von uralten Zeiten. Und all das – das Moos auf der Schmiede, der mit Kletten überwucherte Hundezwinger, die kahlen Dachgerippe über den rosa Ziegelmauern –, all das ist so wunderschön vor dem klaren hellblauen Himmel zwischen den weißen runden Wolken. Auf dem gewaltigen leeren Dreschplatz prasseln die Spatzen einem Platzregen gleich von einem Brennesselstrauch zum nächsten. Hinter diesem Gesträuch erhebt sich das rosa schimmernde Espenwäldchen … Der Lehrer geht zu den Solowjows, er will vor seiner Abreise noch einmal ihren Großvater Taganok besuchen. Uralt ist er, wie man in Koselschtschina sagt: Er ist hundertacht, er ist eine Berühmtheit im Kreis.

Hinter dem Gut führen Straßen zwischen Höfen und Gemüsegärten hindurch. Der Lehrer biegt nach links in die Straße ein, die zwischen dem mit Gebüsch bewachsenen Erdwall am Dreschplatz und den alten Katen der früheren Leibeigenen des Fürsten verläuft. Sie ist leicht abschüssig und scheint in den zartgrünen, septemberlichen Horizont zu münden. September liegt auch in den Spitzen der Weiden, die da und dort vor den

Katen wachsen und deren feines, sich gelblich verfärbendes Laub vor den weißen Wolken und dem Azurblau durchscheinend leuchtet; September liegt im goldenen Sonnenlicht und in dem durchsichtigen Schatten, der von den Katen auf die Straße fällt, auf die Wagen mit den Wassertonnen, die mit scheckigen Pferdedecken und Bauernmänteln abgedeckt sind … Der Lehrer wirft im Vorübergehen von der Seite her einen Blick auf die Katen, auf die kleinen Fenster und die Vortreppen.

Die Fenster sind winzig und dunkel. Die Vortreppen und die Türschwellen starren vor Schmutz. Aber auch vor den Katen ist es nicht besser: In dem verkrusteten Schlamm, der hart ist wie Gußeisen und in dem Lumpen und faulige Bastschuhe festgewachsen sind, liegen große, flache Steine, auf denen zu Mittag und zu Abend gegessen wird. Kinder schreien, rufen einander etwas zu und klettern auf den Steinen herum. Viele Kinder gibt es in Koselschtschtina, und, Allmächtiger, wie rotznasig sie sind, wie viele Schrunden sie auf Wangen und Lippen haben!

»Was machst du da?« ruft der Lehrer einem kleinen Mädchen zu, das vor einem Stein steht.

Sie ist kränklich und mager, hat dunkle Augen, trägt Bastschuhe von der Großmutter, ist in ein dunkles Hanftuch gehüllt. Sie patscht mit ihren kleinen Händen auf den Stein, tut so, als würde sie Wäsche waschen, Wasser über den Stein gießen und mit einem Bleuel darauf schlagen. Als sie den Lehrer hört, blickt sie ihn verlegen an und stürzt Hals über Kopf zur Kate.

»Wie heißt du?« fragt der Lehrer einen dicken blauäugigen Jungen in einer großen, alten Weste, der an einer Weide beim Hof der Fomins steht.

Der Junge schweigt. Der Lehrer wiederholt seine Frage. Der Junge weicht zurück unter die Weide, streckt die Brust vor, bläst sich so auf, daß er rot anläuft, und schweigt.

Geschäftig laufen die Hühner umher, sie kratzen mit ihren Krallen in der Asche und der Erde, picken etwas auf, gackern und locken die Küken an. Auf dem Hof der Klimows liegt unter dem Wagen mit der Wassertonne eine alte Frau und schläft. Der schräg fallende Schatten der Kate ist weitergerückt, die Sonne scheint nun auf den Wagen und das Wasserfaß und sengt das Gesicht, das so dicht mit Fliegen bedeckt ist, als hätte sich ein schwarzer Schwarm darauf niedergelassen, sengt das magere Kreuzbein, die bloßen, plumpen, sonnenverbrannt glänzenden Beine. Ein etwa fünfjähriger Junge mit Hosenträgern und roten Wollstrümpfen saust zwischen den Küken herum, die hin und her rennen und Fliegen von der Erde und von den Beinen der Alten aufpicken, und versucht immer, wenigstens auf eines von ihnen zu treten; die Küken flattern piepsend auseinander, und er bleibt stehen und wartet ab, bis sie sich in einem Häuflein zusammengefunden haben, um sich dann unverzüglich wieder auf sie zu stürzen, so schnell ihn seine Beinchen tragen. Ein anderer, etwa zweijähriger Junge macht sich an einem Krummholz zu schaffen, das gerade frisch mit brauner Farbe gestrichen ist und an der

Haustreppe lehnt; das Krummholz kippt um und wirft ihn zu Boden, und er bricht in wüstes Geschrei aus. Der Lehrer eilt hinzu, um ihn zu befreien.

»He, Alte! Wach auf, der Teufel soll dich holen«, ruft er und hält das brüllende Kind gepackt, ohne zu wissen, was er mit ihm anfangen soll.

Die Alte hebt den Kopf und begreift zunächst überhaupt nichts: Die Augen sind stumpf, der Mund steht offen, das Kopftuch und die grauen Haare sind zur Seite gerutscht. Dann steht sie hastig auf und schwankt benommen, geht zum Lehrer, reißt ihm das Kind aus den ungeschickten Händen und steigt die Vortreppe hoch. Oben setzt sie den Jungen unsanft auf den mit Hirsebrei bekleckerten Boden, und sofort hört er auf zu schreien: Er krabbelt auf dem Treppenabsatz umher, klaubt den mit Schmutz vermengten Brei vom Boden auf und stopft ihn sich in den Mund. Die Alte selbst setzt sich auf die Bank, und während sie ihren Kopfputz zurechtrückt, folgt sie dem Lehrer mit einem langen, bitterbösen Blick.

Die Solowjows haben den Besitz unter sich aufgeteilt. Taganok wohnt bei Gleb. Doch der Lehrer geht zuerst zum Hof seines anderen Enkels, des Zimmermanns Grigori. Grigori hat leichte Ähnlichkeit mit einem Mephistopheles, aber er ist ein angenehmer Mensch. Er steht zwischen Kate und Vorratskeller, wo der Durchgang zum Dreschplatz ist, in einem Geviert aus frischen, blaßroten, in drei Lagen übereinandergeschichteten Holzbalken: Er baut sich einen kleinen

Speicher. Er trägt eine städtische Schirmmütze, ein noch nicht gewaschenes und zu einem knittrigen, rosa Ballon geblähtes Kattunhemd, eine Hose aus festem Baumwollstoff und Stiefel: Die Solowjows sind die bedeutendsten Einwohner in Koselschtschina. Beim Anblick des Gastes schlägt er die in der Sonne aufblitzende Axt leichthin und geschickt in einen Balken. Sie begrüßen einander, setzen sich auf das Balkengefüge und stecken sich eine Zigarette an.

»Wollen Sie zu Taganok?« fragt Grigori.

»Ja. Ich habe ihn lange nicht gesehen ...«

»Na, das ist schön. Machen Sie das nur. Er hat gerne Besuch.«

»Und wie geht es ihm? Er wird wohl immer gebrechlicher?«

»Nein, es geht noch einigermaßen. Natürlich kein Vergleich mit uns: Er ist schließlich hundertacht.«

»Bittet er Gott nicht, ihn sterben zu lassen?«

»Nun ja, was soll ich sagen? Er möchte wohl sehr gerne noch ein bißchen leben, aber bekanntlich ist das Greisenleben kein Zuckerschlecken.«

»Was meinst du?«

»Was schon, man muß es ehrlich sagen: Sie schlagen ihn, und sie lassen ihn hungern – das ist das Schlimmste.«

»Die Schwiegertochter?«

»Natürlich. Aber ich meine, der Grund liegt bei meinem Bruder Gleb. Er läßt das alles zu. Dabei müßte er ihn beschützen, wer denn sonst? Taganok selbst – na,

Sie kennen ihn ja: Sein Leben lang hat er keiner Fliege etwas zuleide getan.«

»Im Ernst, sie schlagen ihn?«

»Aber sicher. Und wie! Manchmal stoßen sie ihn so heftig ... Wie oft hat er sich bei mir beklagt. Aber die Schläge sind nicht das Schlimmste! Alleine sechs Pud Schinkenfleisch haben sie da hängen – aber glauben Sie mir, nie geben sie ihm auch nur das kleinste Rippchen ab. Feiertags setzen sie sich zum Tee, aber er wagt nicht, um ein Täßchen zu bitten. Selbst um Kleinigkeiten ist es ihnen zu schade ...«

»Tja-a«, sagt der Lehrer gedankenverloren.

Die Grashüpfer zirpen im Unkraut in der Sonne. Alles welkt dahin und verliert schwarze Samenkörner: die Brennesseln, das Bilsenkraut, die Kletten, der Amarant. Eine Bäuerin in einem roten Rock und einem weißen Hemd steht im Hanfdickicht, das höher ist als sie selbst, und nimmt die tauben Stauden ab. Jenseits des Hanffeldes schimmern graue Getreidedarren und gelbe, neue Schober.

»Tja-a«, sagt der Lehrer und nimmt einen tiefen Zug aus seiner Zigarette. »Das Gottesträgervolk! ... Sind das eure Heuschober?«

»In diesem Jahr hat der Herr uns reichlich beschenkt«, antwortet Grigori bescheiden, aus Angst, etwas zu beschreien.

»Aber um eine Tasse Tee ist es ihnen zu schade«, schmunzelt der Lehrer. »Und wie ist es, kann er sich immer noch so gut an alles erinnern?«

»Geradezu erstaunlich! Er weiß noch alles – wann was im Haus zu tun ist, zum Beispiel, was in Ordnung gebracht, was gekauft werden muß, wo es was billiger gibt – er ist immer der erste, der das sagt. Mit Futtermitteln, zum Beispiel, kennt sich niemand besser aus als er …«

»Nein, das meine ich nicht«, unterbricht der Lehrer. »Verstehst du, ich möchte doch immer so schrecklich gerne seiner hundertjährigen Seele auf den Grund blicken, ihn dazu bringen, mir von den alten Zeiten zu erzählen. Und daraus wird einfach nie etwas! Entweder will er, warum auch immer, nicht mit mir reden, oder aber man muß die absurde, aber offenbar wahrscheinlichste Mutmaßung anstellen, daß hinter dieser Seele außer dem Allerprimitivsten einfach rein gar nichts steckt!«

Grigori fragt leicht verwundert:

»Wieso sollte er nicht mit Ihnen reden wollen? Sie beleidigen ihn doch nicht, Zurückhaltung kennt er nicht, er kann sich sogar sehr gut an alles erinnern … Auch wenn es natürlich nichts Besonderes …«

»Aber das ist es ja eben!« hakt der Lehrer ein und erhebt sich. »Es scheint so, als sei das Jahrhundert vollkommen vergebens gewesen! Es gibt nichts zu erinnern. Nichts.«

Sie gehen über die Hinterhöfe zu Taganok. Hinter Grigoris Hof stehen einige Bienenstöcke. Der Lehrer weicht ihnen aus, er fürchtet sich vor ihnen, aber Grigori lacht nur und versichert, die Bienen würden einen reinen Menschen in Ruhe lassen. Hier weht ein leichter kühler Luftzug von Norden her, in der Sonne riechen die Hanffelder staubig und kräftig. Den Hanffeldern gegenüber ist eine Art Hütte an die steinerne Mauer von Glebs Viehkoppel angebaut, aus Pfählen errichtet und mit Hanfstauden verkleidet. Das ist die Sommerbehausung des berühmten Mannes.

»Gro-o-ßvater?« ruft der Lehrer, als er die Tür öffnet.

Niemand antwortet; die Hütte ist leer. Taganok ist bestimmt in der Bauernkate. Grigori geht hinaus, um ihn zu suchen. Und der Gast überfliegt die Hütte mit einem raschen Blick. Alles genau wie immer. Und alles genauso herzzerreißend. Um der Schwiegertochter nicht zur Last zu fallen, sich so dünn wie möglich zu machen, zieht Taganok beinahe schon zu den Großen Fasten hierher um. Ein mit Stroh bedeckter Hörnerschlitten ohne Seitenstangen dient ihm als Bett. Auf dem Stroh gibt es nicht einmal eine Pferdedecke. Am Kopfende liegt anstelle eines Kissens ein zusammengerollter, zerrissener Mantel, an der Farbe sieht man, daß er ein halbes Jahrhundert alt ist. Beim Kopfende steht ein kleiner Tisch, ein Brett auf Pfählen, auf dem Brett steht eine Art Schachtel, und darin befindet sich Taganoks gesamtes Hab und Gut, seine ganze Wirtschaft: eine Garndocke, Fausthandschuhe, eine Tabakdose aus Birkenrinde mit Schnupftabak … Mein Gott, mein Gott! Mit der wertvollsten Gabe, mit der Gabe eines märchenhaft langen Lebens, hat das Schicksal seinen Auserwählten beschenkt! Aber was nutzt sie hier, diese Gabe?

Vor der Hütte steht ein großer Holzklotz, vom Stamm einer Eiche. Der Großvater sitzt darauf, wenn er sich ausruht, seinen Gedanken nachhängt oder sich in der Sonne wärmt – von seinem Halbpelz ist der Klotz glatt gescheuert. Der Lehrer setzt sich hin und wartet. Aber als hinter der Hausecke schlurfende Schritte zu hören sind, erhebt er sich, um Taganok den gewohnten Platz zu überlassen. Taganok biegt um die Ecke – er ist nicht groß, hat herabhängende Schultern – und schiebt sich unbeholfen, mit schwankendem Gang voran, schwerfällig einen Fuß vor den anderen setzend. Seine Füße sind dick mit Fußlappen umwickelt und stecken in großen Bastschuhen. Sein Halbpelz, der auf der Innenseite fast ganz blank ist – das Schaffell ist abgewetzt –, ist ihm zu weit geworden, die Schöße baumeln herab. Die große Mütze ist tief ins Gesicht gezogen und sitzt etwas schief. Beim Anblick des Gastes nimmt Taganok sie wie ein Kind mit beiden Händen herunter und macht eine tiefe Verbeugung. Die langen Haare, die noch um seinen dunklen Kopf stehen, sind weiß und leicht wie Federgras. Leicht und weiß ist auch sein schräger Bart. Sein Gesicht ist noch dunkler als der Kopf. Die gelblichen, tränenden Augen haben die Farbe verloren und zeigen keinen anderen Ausdruck mehr als Ergebenheit oder vielleicht auch Traurigkeit.

»Grüß dich, Großvater«, sagt der Lehrer und läßt

sich auf dem Boden nieder. »Wie geht es dir? Setz deine Mütze wieder auf …«

Taganok zögert. Er, der mehr als ein Jahrhundert gemeistert hat, hält sich ganz von selbst für einen besonderen Menschen. Ob er sich aber letztendlich das Recht verdient hat, die Mütze aufzusetzen, wenn ein Herr zugegen ist, das weiß er noch nicht. Er zögert eine Weile und setzt sie dann mit beiden Händen wieder auf.

»Setz dich auf den Baumstamm, das ist bequemer für dich …«

Taganok zaudert einen Moment und setzt sich dann; er schiebt die Mantelschöße gerade, legt die schwarzen Hände auf den Knien zusammen und denkt sanftmütig über etwas nach. Dann schüttelt er sachte den Kopf.

»Die sind nicht mehr da«, sagt er langsam und so, als würde er nicht mit dem Lehrer, sondern mit jemand anderem sprechen. »Die sind nicht mehr da, die sich gekümmert haben …«

»War es denn in alten Zeiten besser?« fragt der Lehrer.

»Hm!« Taganok lächelt schwach. »Hundertmal besser war es …«

Alle alten Leute spielen einem etwas vor, geben sich älter, als sie sind. Taganok spielt einem nichts vor. Er ist übermenschlich schlicht. Der Lehrer läßt wie immer kein Auge von ihm; seltsame Gedanken treiben ihn um: Wenn man bedachte, daß vor Taganoks Augen eines der bemerkenswertesten Jahrhunderte vergangen war! Wie viele Umstürze gab es in diesem Jahrhundert, Entdeckungen, Kriege und Revolutionen, wie viele große Menschen lebten, erlangten Ruhm und starben! Und Taganok hatte niemals auch nur die geringste Vorstellung von alldem. Ganze hundert Jahre lang sah er nur diese Hanffelder und dachte nur an das Futter für sein Vieh! Und sitzt so ergeben, so reglos da. Er hat die Schultern gesenkt, die schwarzen, vom Jahrhundert verbrannten Hände auf den mageren Knien zusammengelegt, die von Arbeit und Verkühlung gekrümmten Finger gefaltet, und die Fliegen krabbeln darauf herum, reiben ihre Beinchen aneinander und feiern ihre Liebe. Ein weißer Schmetterling sitzt starr wie auf einem Baum an seinem kindlich mageren, schwarzen Hals, der vom Kragen seines grauen Hemdes gerahmt und von der Sonne gewärmt wird. Die Mütze ist tief ins Gesicht gezogen; darunter hervor lugen die Spitzen seiner spärlichen, langen, grünlichweißen Augenbrauen, die erschöpft in die Höhe geschoben sind. Das Unterlid des linken Auges ist ein wenig eingerissen und nach unten gezogen; das Auge tränt und ist vollkommen leblos. Im rechten Auge ist ein schwacher Gedanke, ein schwaches Leben, das unserer ganzen Welt fremd ist. Er, dieser hundertachtjährige Mensch, hört noch, sieht, spricht vernünftig mit den Enkeln über die Wirtschaft, weiß noch genau, was alles heute oder morgen im Haus zu besorgen ist, weiß, wo was liegt, was auszubessern und was zu beachten ist … Und doch ist er ganz entrückt, in der Welt seiner weit zurückliegenden Erinnerungen.

Was sind das für Erinnerungen? Oft packen einen Angst und Schmerz, daß der Tod dieses kostbare Gefäß einer gewaltigen Vergangenheit im nächsten Augenblick zerschlagen könnte. Es packt einen das Verlangen, möglichst tief in dieses Gefäß hineinzublicken, all seine Geheimnisse, seine Schätze zu ergründen. Aber es ist leer, leer! Taganoks Gedanken und Erinnerungen sind so verblüffend schlicht, so einfach, daß man mitunter rätselt: Ist das ein Mensch, den du da vor dir hast? Er ist gescheit, lieb und gut. Man müßte voller Dankbarkeit seine Hand küssen für das, was er uns gezeigt hat, indem er den seltenen Segen des Himmels in sich verkörperte. Aber – ist er ein Mensch?

Taganok spricht sehr langsam, aber ohne durcheinanderzugeraten; er drückt seine Gedanken mit Mühe, aber genau aus. Er weiß, daß ihm durch eine Fügung des Schicksals die Verpflichtung auferlegt ist, mit den Gästen vor allem über alte Zeiten zu sprechen. Und er hat es immer eilig, Anlaß für Fragen zu bieten.

»Warm ist es«, sagt er und zieht die von der untergehenden Sonne gewärmte Schulter hoch. »Mein Blut wird schon ganz kalt … Ich war früher oft erkältet … Und wovon? In alten Zeiten hatten wir ein Fuhrgewerbe …«

Der Lehrer fängt an, ihn auszufragen. Und wieder, wieder hört er nur längst Bekanntes! Der Großvater war zweimal bei den *chochly*, hinter Woronesch, zweimal war er in Moskau, fünfmal in Kaluga und viele Male in Beljow …

»Und?« fragt der Lehrer, immer auf Verallgemeinerungen bedacht. »Wie gefielen dir die *chochly*?«

»Die *chochly*?« versetzt Taganok. »Nicht übel ... Freundlich sind sie.«

Nachdem er so das Allgemeine abgehakt hat, geht er zum Besonderen über:

»Wir sind zu Mariä Reinigung dahingefahren ... Damals hatte ich vier Pferde ... Die muß man erst mal füttern! ... Na, wir waren mit leerem Wagen hingefahren ... Und dort luden wir Weizen ... Wir lieferten aus, alles, wie es sich gehörte, zählten den Gewinn ... Aber der reichte gerade eben für uns selbst und für die Pferde ...«

»Weißt du noch, der Franzose?« fragt der Lehrer und denkt daran, wie viele gewaltige Kometen Taganok gesehen und wie viele schaurige Gerüchte er in seinem Leben gehört hat.

Taganok überlegt. Er ist irgendwo weit weg.

»Der Franzose?« fragt er bedächtig. »Der in Moskau war? Nein, weiß ich nicht mehr ... Bloß manchmal, da ist es mir, als höre ich einen Ton ...«

»War denn Moskau zu deiner Zeit groß und schön?«

»Groß war es ... Manchmal, wenn wir hinkamen ... Wir mußten uns in einer Reihe auf dem Bolotny-Markt aufstellen ... Da standen wir dann ... Wenn die Flagge eingezogen wurde, hieß das, ein Kaufmann hat wohl was gekauft und kommt seine Ware holen ... Er kommt, wirft einen Blick darauf und schickt sie auf die Sperlingsberge oder sonstwohin ...«

Taganok verstummt – vielleicht unter der stillen Eingebung von Erinnerungen, die ihn überkommen wie ein Ton von weit her. Der Lehrer raucht nervös und runzelt die Stirn: Nein, bei seinen Befragungen kommt nichts Vernünftiges heraus!

Er bleibt lange sitzen, bis zum Sonnenuntergang; er zwirbelt die Spitzen seines Schnurrbarts und sammelt seine Gedanken, bemüht, sich das Unmögliche vorzustellen – das Bild eines der längsten menschlichen Leben, das Bild eines ganzen Jahrhunderts; er bemüht sich, die Seele und den Körper dieses ungewöhnlichen Menschen zu ergründen – und kann sich einfach nicht damit abfinden, daß ein ungewöhnlicher Mensch ganz gewöhnlich, sogar allzu gewöhnlich spricht und nur Belanglosigkeiten erzählt. »Systematisch, ich muß es systematisch angehen«, denkt der Lehrer, »ganz von Anfang an.« Doch Taganoks kurze, rührende, nichtige Antworten lassen ihn den Faden verlieren, sie machen ihn unruhig, und ihm vergeht die Lust, ihn weiter zu befragen. Nein, wo bleibt denn da die Logik? »Hast du früh angefangen, dich zu erinnern?« »Weiß Gott, ich weiß es nicht … Schließlich sind wir«, der Großvater lächelt leise, »ein ungebildetes Volk, wir leben im Wald, beten zu Baumstümpfen … Dazumal waren hier überall Wälder …« »Was für Wälder?« »Alle möglichen. Eichen zum Beispiel, Kiefern … Räuber gab es hier …« »Räuber? Kannst du dich an einen Vorfall erinnern?« »Nein, Gott sei Dank gab es keinen Vorfall …« »Und wie war das Dorf? Kleiner als heute?« »Ist immer noch das gleiche … Bloß stand die Kirche auf dem alten Friedhof und nicht neben der Schule … Vier Popen habe ich überlebt.« Aber was für Popen das waren, ob sie den heutigen vergleichbar waren und wie sie sich dem Volk gegenüber verhielten – das weiß Taganok nicht zu erzählen … Aber vielleicht kann er sich an die Herrschaft, die Fürsten Koselski, besser erinnern und über sie etwas Vernünftiges erzählen? Sicher, er erinnert sich … Doch der Lehrer erfährt nur, daß es drei Generäle gab: Semjon Milytsch, Mil Semjonytsch und Grigori Milytsch, daß sie gute Herrschaften waren und daß sich Mil Semjonytsch durch ein besonders »forsches« Naturell auszeichnete …

»Haben sie dich geprügelt?« fragt der Lehrer.

»Nein, das hat Gott nicht gegeben«, antwortet Taganok. »Einmal bloß. Und ein andermal hat mir Mil Semjonytsch eins in den Nacken gegeben … Beim Bauen … Ich hatte einen falschen Balken genommen … Aber verkaufen wollten sie uns … verkaufen … Sie fuhren uns weg … Der Herr war wütend auf uns Burschen … Na, da hat er uns zu elft weggeschickt … Nach Beljow … Auf den Markt haben sie uns gebracht, schön in einer Reihe aufgestellt … Da kam der Gutsälteste von Selesnjowo … Wir bekamen es mit der Angst zu tun, aber aus dem Geschäft wurde nichts … Dabei wollte er für mich gut bezahlen, hundertfünfundfünfzig …«

Die Sonne ist schon hinter dem Feld in der Ferne versunken; üppiger und frischer duften die Hanffelder im abendlichen Schatten, Tau hat sich auf die Gemüsegärten gelegt. Taganoks fast schwarzes Totengesicht ist noch lebloser geworden, die Augen sind ganz glasig. Ihm ist kalt, er wickelt sich in seinen Halbpelz, legt die Rockschöße übereinander, zieht die Mütze noch tiefer ins Gesicht und schiebt die Hände in die Ärmel. Wie ein Ton von weit her überkommt ihn die Erinnerung; und ohne sich darum zu kümmern, ob man ihm zuhört oder nicht, spricht er langsam, was ihm gerade einfällt:

»Der verstorbene Semjon Milytsch war streng! ... Als er starb, trat Mil Semjonytsch an seinen Platz – und das war noch schlimmer ... Tja, wir haben es gemacht wie bei einer Katze: Pack sie in einen Sack, binde ihn zu, und dann mach, was du willst, aber sie kann niemandem etwas zuleide tun, also haben wir ... Na, früher haben die Bauern gebetet, daß Gott dem Herrn den Tod geben soll ... Aber ich habe immer gesagt: Ihr werdet es bedauern. Laßt es bleiben – es wird nur schlimmer. ... So kam es dann auch ... Ja ...«

Taganok ruht sich aus; dann nimmt er sein langsames Erzählen wieder auf:

»Ja ... Und als Mil Semjonytsch starb, brachte man seinen Sarg in einer verpichten Kiste ... Dreck und Blut floß aus der Kiste ... Er ist schlimm gestorben, ohne Krankheit, der Körper war nicht von Krankheit gezeichnet. Jeder, wie es ihm bestimmt ist ...«

Der Lehrer kann diese bedrückende Erzählung kaum anhören und steht auf. »Nun, das war es wohl«, denkt er. »Ich werde ihn nie wiedersehen! Schade, schade ...«

Ihn bewegt der langgehegte Wunsch, Taganok zu entlocken, ob er gerne noch leben möchte. Man sieht doch, er will! Aber warum sagt er es nicht frei heraus?

»Nun, leb wohl, auf Wiedersehen, Großvater«, sagt der Lehrer. »Gebe Gott, daß du noch eine Weile leben kannst.«

Taganok zieht die Brauen in die Höhe.

»Noch eine Weile leben?« versetzt er. »Ich bin doch jetzt schon hundertacht …«

Er verstummt und senkt den Kopf.

»Aber du willst doch bestimmt noch leben?«

»Das weiß Gott …«

»Aber sag, du selbst, was fühlst denn du?«

Taganok überlegt.

»Was gibt es da zu fühlen?« sagt er. »Da gibt es nichts zu fühlen … Ob ich fühle oder nicht …«

»Sag: Wenn man dir zum Beispiel anbieten würde, noch fünf Jahre zu leben oder nur eines – was würdest du wählen?«

Mit einem schwachen Lächeln blickt Taganok zu Boden.

»Was soll ich ihn einladen … den Tod … Er beißt mich nicht. Die Jüngeren beißt er, aber mich nicht … Er kommt einfach nicht …«

Der Lehrer blickt ihn lange ausdruckslos an. Dann drückt er kräftig seine harte, eiskalte Hand und geht fort.

Er geht aus dem Dorf hinaus aufs Feld und läuft im Halbdunkel eine ganze Weile ziellos die weiche, staubige Landstraße entlang. »Ja, ja«, überlegt er, »hier geht es nicht um Ökonomie. Hier geht es um Schlichtheit, um Ursprünglichkeit, der man nicht entrinnen kann … Es geht«, so sagt er sich fest und halsstarrig, »um die ureigenen Züge des Russen: um die atavistischen …«

Erschöpft, aber beruhigt macht er sich auf den Rückweg. Ohne Eile wandert er über die Landstraße. Keine Lichter, die Katen sind dunkel und still. Alle schlafen. Es riecht nach Wohnungen – irgendwie besonders, warm und nächtlich. Eintönig zirpen bedächtige Grillen. Da ist wieder die Kate von Gleb. Sie ist mit Kalk geweißt und schimmert hell. Die Fensterscheiben sind dunkelblau vom Abend, darin spiegelt sich noch schwach der Himmel. Unten, am Boden, schwebt ein kaum merklicher Widerschein, der die Kate und den Halbpelz von jemandem, der auf einem Stein daneben sitzt, seltsam konturiert. Wer ist das? Taganok etwa? Ja, er ist es, er …

»Großvater, guten Abend noch einmal«, sagt der Lehrer leise, tief berührt vom Anblick dieses einsamen, der ganzen Welt fremden Menschen, der alle seine Altersgenossen und alle ihre Kinder überlebt hat.

»Wer ist da?« läßt Taganok sich leise vernehmen.

»Ich bin es, der Lehrer … Warum schläfst du nicht?«

Taganok überlegt. Dann antwortet er noch langsamer:

»Ach, was sollen wir schlafen … Alt bin ich … Die Nacht kommt – es ist unheimlich … Wie ein Bär kommt sie auf mich zu …«

»Das ist nicht die Nacht, das ist der Tod«, denkt der Lehrer; er schweigt eine Weile und fragt dann:

»Nun, wie ist es? Würdest du gerne noch eine Weile leben? Fünf Jahre oder ein Jahr?«

Es ist still. Die Grillen zirpen. Eine rauchgraue Katze ist auf der Türschwelle erschienen, auf die Erde hinuntergelaufen – und ist nicht mehr zu sehen. Taganoks Bart schimmert bleich. Sein dunkles Totengesicht ist nicht zu sehen. Er regt sich nicht. Nicht einmal sein Atmen ist zu hören. Lebt er noch?

Er lebt. Eine ganze Weile später antwortet er:

»Ich würde gerne noch leben … Auch fünf Jahre würde ich wohl noch schaffen … Aber in fünf Jahren …«

Man sieht, er denkt an die Schwiegertochter, an seine Hütte, daran, daß er ohne Obhut und auf Hilfe angewiesen ist.

Und er seufzt leise:

»In fünf Jahren fressen mich die Läuse. Das ist der Hauptgrund. Sonst würde ich gerne noch leben.«

Gespräch in der Nacht

I

Der Himmel war die ganze Nacht hindurch silbrig und sternklar, das Feld jenseits von Garten und Dreschplatz schimmerte gleichmäßig dunkel, und vor dem klaren Horizont hob sich mit den beiden wie Hörner abstehenden Flügeln deutlich eine Mühle ab. Aber die Sterne funkelten und flimmerten und durchschnitten den Himmel immer wieder mit grünlichen Streifen, und der Garten rauschte stürmisch und schon herbstlich kalt. Von der Mühle, von der sanft abfallenden Ebene, vom kahlen Stoppelfeld her blies ein kräftiger Wind.

Die Arbeiter hatten reichlich zu Abend gegessen – es war ein Feiertag, Mariä Entschlafung – und auf dem Weg durch den Garten zum Dreschplatz gierig geraucht. Sie hatten Bauernmäntel über ihre Halbpelze geworfen und gingen zum Schlafen auf den Dreschplatz, um die Garben zu bewachen. Den Arbeitern folgte ein hoch aufgeschossener Gymnasiast, der Sohn der Herrschaft, der ein Kissen mitschleppte, und hinter ihnen her liefen drei weiße Windhunde. Auf dem Dreschplatz, im frischen Wind, duftete es nach Spreu und frischem Roggenstroh. Alle ließen sich gemütlich auf dem größten Getreideschober nieder, nahe den

Garben und der Darre. Die Hunde tummelten sich noch eine Weile, raschelten zu Füßen der Arbeiter im Stroh und waren dann auch ruhig.

Über den Köpfen der Liegenden schimmerte blaß die breite Milchstraße, die sich in zwei dunstig durchscheinende Bänder gabelte, zwischen denen dichte, feine Sternenspreu hing. Im Stroh war es warm und still. Doch durch das Weidengebüsch, das sich linker Hand, längs des Erdwalls, dunkel abzeichnete, fuhr in einem fort, unruhig, stetig zunehmend und mit dumpfem, feindseligem Rauschen der Nordostwind. Immer wieder strich ein kühler Lufthauch über Gesicht und Arme, vermengt mit einem üblen Geruch aus den Durchgängen zwischen den Getreideschobern. Und am Horizont, hinter den ungleichmäßigen schwarzen Flecken des Weidengebüschs, flimmerten und flammten eisige Diamanten, erglühte mit bunten Lichtern die Capella.

Sie hatten sich hingelegt, gähnten und schlossen die Augen. Der Wind raschelte einschläfernd mit dem stachligen Stroh, das über ihren Köpfen aufragte. Aber die Kühle streifte ihre Gesichter, und alle spürten, daß sie noch nicht schläfrig waren – sie hatten sich nach dem Mittagessen ausgeschlafen. Nur der Gymnasiast wollte sich dem süßen Wunsch nach Schlaf ergeben. Doch die Flöhe ließen ihn nicht einschlafen. Er begann sich zu kratzen, sinnierte über die Mädchen, über die Witwe, bei der er diesen Sommer mit Hilfe des Arbeiters Paschka seine Unschuld verloren hatte, und verscheuchte so ebenfalls den Schlaf.

Er war ein magerer, ungelenker Halbwüchsiger von ungewöhnlich zarter Gesichtsfarbe, so blaß, daß die Sonne sie nicht zu bräunen vermochte, mit dunkelblauen Augen, scheußlich großen Händen und Füßen und einem großen Adamsapfel. Den ganzen Sommer lang war er den Arbeitern nicht von der Seite gewichen – zuerst fuhr er Mist, dann Getreidegarben, er richtete die Getreideschober her, rauchte Machorka und eiferte den Bauern in ihrer Redeweise ebenso nach wie in ihrem rauhen Umgang mit den Mädchen, die sich freundschaftlich über ihn lustig machten und ihm johlend und pfeifend hinterherriefen: »Weretjonkin, Weretjonkin!« – Spindel –, ein alberner Spitzname, den Iwan, der Zureicher an der Dreschmaschine, sich ausgedacht hatte. Er übernachtete bald auf der Tenne, bald im Pferdestall, wechselte sonntags weder die Wäsche noch seine leinene Kleidung, zog die teerigen Stiefel nicht aus, scheuerte sich die Füße blutig, weil er die Fußlappen nicht gewohnt war, und hatte sämtliche Knöpfe an seinem mit Radschmiere und mit Dung bespritzten Sommermantel abgerissen und die silbernen Litzen und Buchstaben an seiner Schirmmütze abgeschabt.

»Man weiß gar nicht mehr, wie man mit ihm fertigwerden soll«, sagte seine Mutter, die sogar von seinen Fehlern entzückt war, mit liebevoller Wehmut. »Natürlich, er wird wieder zunehmen und kräftiger werden, aber sehen Sie nur, was für ein struppiges Ferkel er ist – nicht einmal den Hals wäscht er sich!« erklärte sie den

Gästen lächelnd und fingerte an seinen weichen, kastanienbraunen Zotteln, um die zarte Locke zu erhaschen, die sich wie bei einem Mädchen in seinem dunklen Nacken ringelte, welcher sich in dem Stehkragenhemd von dem kindlich weißen Körper und den großen Wirbeln unter der zarten, glatten Haut so deutlich abhob. Er drehte dann unwirsch den Kopf unter ihrer zärtlichen Hand weg, zog ein mürrisches Gesicht und lief rot an. Er war sichtlich gewachsen, machte beim Gehen einen krummen Rücken, pfiff gedankenverloren vor sich hin und tapste linkisch von Seite zu Seite. Er aß noch Lindenblüten und Kirschharz, wenn auch schon heimlich; in den Taschen seiner Leinenhose war noch alles voller Weißbrotkrümel, steckten noch ein Taschenmesser und eine Schleuder, um Spatzen zu schießen, aber er wäre vor Scham rot angelaufen, wenn das zum Vorschein gekommen wäre, und so hatte er die Hände immer in den Taschen stecken. Noch im Winter hatte er mit seiner Schwester, der kleinen Lilja, Indianer gespielt und dabei mit aufgerissenen Augen einen Satz aus einem amerikanischen Roman geschrien: »Bruder! heulte der Wilde, und Schaum trat ihm vor den Mund …« Im Frühling aber, als durch alle Straßen der Stadt blendend glitzernde Bäche flossen und flirrten, als in den Klassenzimmern die weißen Fensterbretter in der Sonne glühten, die Sonne durch den blauen Rauch im Lehrerzimmer drang und die Katze des Direktors im Garten des Gymnasiums, in dem sich noch silbriger Schnee türmte, den ersten Finken auflauerte – im Frühling bildete er sich ein, er sei in die magere, belesene, ernsthafte kleine Gymnasiastin Juschkowa verliebt, er schloß Freundschaft mit dem bebrillten Sechstklässler Simaschko, den er Signore nannte, er beschloß, sämtliche Ferien dem Selbststudium zu widmen, und wies Lilja barsch zurecht, wenn sie ihn Alja nannte: »Ich bin genausowenig dein Alja, wie du die Kaiserin von China bist!« ... Aber im Sommer waren die Träume vom Selbststudium schon wieder vergessen, und es wurde ein neuer Entschluß gefaßt: das Volk zu studieren; dieser ging alsbald in eine leidenschaftliche Begeisterung für die Bauern über.

Am Abend von Mariä Entschlafung war der Gymnasiast schon beim Essen völlig übermüdet. Gegen Ende eines jeden Tages, wenn ihm alles vor den Augen verschwamm und der Kopf auf die Brust sackte – vor Erschöpfung, von den Gesprächen mit den Arbeitern, von der Rolle als Erwachsener –, kehrte die Kindheit zurück: Dann hätte er gerne mit Lilja gespielt und vor dem Einschlafen von fernen, unbekannten Ländern geträumt, von spektakulären Ausbrüchen von Leidenschaft und Selbstaufopferung, er hätte lieber an das Leben Livingstones und Bakers gedacht und nicht an die Bauern von Naumow und Nefjodow, deren Werke er Simaschko bei seinem Ehrenwort versprochen hatte zu lesen; er hätte gerne wenigstens eine Nacht zu Hause geschlafen, anstatt vor Sonnenaufgang aufspringen zu müssen, in der Kälte der Morgendämmerung, wenn selbst die Hunde noch träumerisch gähnten und sich streckten ... Doch schon kam das Dienstmädchen herein und sagte, die Arbeiter seien schon unterwegs zur Tenne. Ohne die Zurufe der Mutter zu beachten, warf der Gymnasiast den Mantel mit dem hin und her baumelnden Gurt über die Schultern, stülpte die Schirmmütze auf den Kopf, schnappte dem Dienstmädchen das Kissen aus der Hand und stürzte hinaus auf die Allee, den Arbeitern hinterher. Er wankte vor Schläfrigkeit beim Gehen, schleifte das Kissen an einem Zipfel hinter sich her, und sobald er beim Getreideschober zu Boden gesunken und unter den alten Waschbärpelz, der dort lag, gekrochen war, schwebte er im Nu davon in eine süße, schwarze Dunkelheit. Aber die winzigen Hundeflöhe brannten wie Feuer, die Arbeiter begannen sich zu unterhalten …

Sie waren zu fünft: Chomut, ein gutmütiger, zottliger Alter, Kirjuschka, ein lahmer, helläugiger, sanfter Bursche, der dem Jünglingslaster verfallen war, was alle wußten und was Kirjuschka noch ergebener werden und allerlei Spötteleien über sein kurzes, am Knie gekrümmtes Bein ertragen ließ, Paschka, ein schöner vierundzwanzigjähriger Bauer, der vor kurzem geheiratet hatte, Fedot, ein älterer Bauer von weit her, irgendwo aus der Nähe von Lebedjan, mit dem Spitznamen der Frömmler, und Iwan, der strohdumm war, sich selbst allerdings für einen umwerfend gescheiten, listigen und gnadenlos spottsüchtigen Menschen hielt. Er verachtete jegliche Arbeit, die nicht mit landwirtschaftlichen Maschinen zu tun hatte, trug einen dunkelblauen Arbeitskittel und redete allen ein, er sei ein geborener

Maschinist, auch wenn alle wußten, daß er nicht einmal von der Konstruktion einer einfachen Kornschwinge die blasseste Ahnung hatte. Er zog ständig seine düster-ironischen Äuglein zu Schlitzen zusammen, preßte die dünnen Lippen aufeinander, hielt die Pfeife zwischen die Zähne geklemmt und schwieg bedeutungsvoll, und wenn er überhaupt redete, dann nur, um irgend jemanden oder irgend etwas mit einer Bemerkung oder einem Spitznamen zu erschlagen. Er bedachte ausnahmslos alles mit Häme – Verstand und Dummheit, Schlichtheit und List, Verzagtheit und Gelächter, Gott und die eigene Mutter, Herrschaften und Bauern; er verteilte alberne, unverständliche Spitznamen und sprach diese mit einer so rätselhaften Miene aus, daß es allen schien, als hätten sie einen Sinn und seien von beißender Treffsicherheit. Auch sich selbst schonte er nicht, gab sich Spitznamen: Einmal nannte er sich »Rogoschkin« und machte eine so vielsagende, so boshafte Anspielung, daß alle brüllten vor Lachen und ihn fortan nur noch Rogoschkin nannten. Er hatte auch dem Gymnasiasten seinen Spitznamen verpaßt. Als Iwan eines Tages hörte, wie Lilja, die mit ihren blauen Augen, in einem blauen Kleidchen und litzenbesetzten, naiv unter den Rüschen hervorblitzenden weißen Hosen auf der Vortreppe stand und mit ihren kleinen Füßen geschickt durch einen Reifen hüpfte, nach dem Gymnasiasten rief: »Alja! Alja!«, sagte Iwan eine Gemeinheit über Lilja und ihre Hosen, machte eine alberne Bemerkung über den Gymnasiasten und nannte ihn Weretjonkin.

Alle diese Menschen hatte der Gymnasiast, wie er meinte, den Sommer hindurch gut kennengelernt, zu allen hatte er auf unterschiedliche Weise eine Zuneigung gefaßt – selbst zu Iwan, der sich immer über ihn lustig machte –, von allen hatte er das eine oder andere gelernt, indem er ihre Art zu reden annahm, die, wie sich herausstellte, so gar nicht der Sprache der Bauern in den Büchern glich, ihre unerwarteten, absurden, aber unbeirrbaren Schlußfolgerungen, die Einförmigkeit ihrer festgefügten Weisheit, ihre Grobheit und ihre Gutmütigkeit, ihr Arbeitsvermögen und ihre Abneigung gegen die Arbeit. Und so wäre er nach den Ferien in die Stadt gefahren, im nächsten Sommer nicht mehr zu seiner Leidenschaft für das bäuerliche Leben zurückgekehrt und hätte sein Lebtag lang angenommen, er habe das russische Volk gründlich studiert – wenn sich nicht zufällig in dieser Nacht unter den Arbeitern ein langes, offenes Gespräch entsponnen hätte.

Den Anfang machte der Alte, der neben dem Gymnasiasten lag und sich am ausgiebigsten kratzte.

»Na, junger Herr, piesacken sie Sie ordentlich?« fragte er. »Das reinste Elend sind diese Flöhe, es ist ein Kreuz!« *Chomut*, sagte er und verwendete das Wort, mit dem er stets sein ganzes Leben, dessen ganze Bürde, dessen gesamte Widrigkeiten bezeichnete.

»Nicht auszuhalten«, versetzte der Gymnasiast. »Grauenhaft piesacken sie mich. Aber die Weiber und die Mädchen«, setzte er nach einer Weile hinzu, »die nämlich, der Teufel soll sie holen, rühren die Flöhe nicht an! Dabei sollte man meinen, die müßten sie sich zuerst vornehmen.«

»Vor allem, weil sie keine Hosen anziehen brauchen«, behauptete der Alte gleichmütig, während er sich hin und her wälzte und dabei einen strengen Geruch nach seinem lange nicht gewaschenen Körper und dem abgewetzten, in einer rauchfanglosen Kate vollgeräucherten Bauernmantel verströmte.

Die anderen schwiegen. Gewöhnlich machten sie vor dem Einschlafen noch Scherze – sie fragten dann Paschka nach seinem Eheleben aus, und er antwortete mit einer dermaßen unerschütterlichen, fröhlichen Schamlosigkeit, daß selbst der Gymnasiast, der ihn grenzenlos bewunderte und kein Auge von seinem gescheiten, lebhaften Gesicht ließ, verärgert war – wie konnte man so über seine junge Frau sprechen? Jetzt aber fragte niemand etwas, und der Gymnasiast wollte schon selbst eine Frage stellen, um seine von der Witwe auf ewig verdorbene Phantasie noch mehr anzuregen und Paschkas selbstsichere Stimme zu hören, als dieser sich rekelte, sich hinsetzte und anfing, eine Zigarette zu drehen. Der Alte sah auf und schüttelte seinen bemützten Kopf.

»Du wirst noch die Tenne niederbrennen, Bursche!« sagte er. »Sieh dich vor. Das ist schnell passiert.«

»Dann schwärz ich den jungen Herrn an«, erwiderte Paschka, der erkältet und etwas heiser war, räusperte sich und fing an zu lachen. »Er raucht doch selbst immerzu. Eine wunderbare Nacht ist heute, junger

Herr«, sagte er jetzt an den Gymnasiasten gewandt und schlug einen ernsthaften Ton an. »Was fehlt dieser Nacht? Der Mond.«

Man spürte, er wollte etwas erzählen. Und wirklich, nachdem er eine Weile geschwiegen und keine Antwort bekommen hatte, fragte er mit einem Mal:

»Junger Herr, schlafen Sie?«

»Weretjonkin, bist du wach?« rief Iwan unvermittelt, ohne den Kopf zu heben.

Paschka wies ihn in die Schranken:

»Hör auf, schrei doch nicht so! Ich wollte etwas fragen. Wieviel Uhr ist es, junger Herr?«

Der Gymnasiast stützte sich langsam auf, zog seine silberne Uhr aus der Hosentasche und inspizierte sie im Licht der Sterne.

»Halb elf«, sagte er mit gekrümmtem Rücken.

»Na, wußte ich's doch«, behauptete Paschka munter und selbstgefällig, knickte die Zigarette ein, steckte sie sich zwischen die Zähne und entzündete sie an einem stinkenden kleinen Streichholz, das in seinen schalenförmig zusammengelegten Händen aufgeflammt war. »Zuverlässiger als eine Popenseele. Akkurat um die gleiche Zeit habe ich im vergangenen Jahr einen Menschen getötet.«

Der Gymnasiast sprang auf, ließ die schwer gewordenen Arme herunterhängen und war während des ganzen Gesprächs wie versteinert. Von Zeit zu Zeit sagte er etwas, aber es war, als spräche ein anderer an seiner Stelle. Dann wurde alles in ihm von einem feinen, eisigen Schauder gepackt, der ein abgehacktes, absurdes Lachen hervorrief, und sein Gesicht brannte wie Feuer.

II

Iwan schwieg sich wie immer bedeutungsvoll aus. Kirjuschka zeigte keinerlei Interesse an dem Gespräch, er lag da und hing seinen eigenen Gedanken nach – über die Harmonika, die zu kaufen sein sehnlichster Wunsch war. Auf den Ellbogen gestützt lag auch Fedot lange schweigend da, ein kräftiger, farbloser, rothaariger Bauer, der den anderen Arbeitern zu Anfang des Sommers fremd vorgekommen war, weil er in der Art der Kasaner Tataren einen Halbpelz ohne Taille und ohne Falten trug. Auch dem Gymnasiasten kam er fremd vor. So sehr ihm Paschkas heitere Gelassenheit, seine harmonischen Gebärden und sein sonnengebräuntes Gesicht gefielen, so wenig anziehend fand er Fedots Gesicht, das ebenfalls gelassen, aber völlig ausdruckslos war, großflächig, aschgrau, faltig, mit einem schütteren, vom Speichel und von der Pfeife immer feuchten Schnurrbart und mit wulstigen, weißlichen, rissigen Lippen. Fedot hörte aufmerksam zu, mischte sich aber mit keinem einzigen Wort in Paschkas Erzählung ein – er hustete nur hin und wieder schwindsüchtig und spuckte dann ins Stroh. Zunächst bestritten nur der entgeisterte Gymnasiast und der Alte das Gespräch.

»Was redest du für einen Blödsinn daher«, sagte der Alte gleichgültig, als er Paschkas großspurige Mitteilung vernahm. »Wen hättest du denn schon töten können? Und wo?«

»Die Augen sollen mir erblinden, ich rede nicht einfach daher!« versetzte Paschka hitzig und wandte sich zu dem Alten um. »Letztes Jahr habe ich jemanden getötet, an Mariä Entschlafung. Darüber wurde in allen Zeitungen geschrieben, und im Tagesbefehl vom Regiment stand es auch.«

»Aber wo soll das gewesen sein?«

»Im Kaukasus, in Suchdeni. Bei Gott! Ich will nicht lügen, nicht ich allein war es, Koslow hat auch geschossen – er ist doch einer von uns, aus Jelez –, nicht nur mir war man dankbar, der Divisionskommandant hat ihm natürlich auch gedankt, vor der ganzen Front, er hat jeden von uns mit einem Rubel belohnt, aber ich weiß genau, daß ich ihm den Garaus gemacht habe.«

»Wem?« fragte der Gymnasiast.

»Na, dem Häftling, dem Georgier.«

»Moment«, unterbrach der Alte. »Erzähl schön der Reihe nach. Wo habt ihr gelegen?«

»Nicht schon wieder!« sagte Paschka mit gespieltem Ärger. »Du bist ein komischer Vogel, glaubst einem aber auch gar nichts. Wir lagen da in diesem, in Nowyje Senjaki ...«

»Kenne ich«, sagte der Alte. »Da haben wir auch achtzehn Tage gelegen.«

»Na siehst du, das bedeutet, ich rede nicht bloß so

daher und kann dir das alles annähernd erzählen. Wir haben da nicht achtzehn Tage gelegen, Bruder, sondern ein ganzes Jahr und sieben Monate, und wir mußten Häftlinge nach Suchdeni überführen. Diese Häftlinge waren reineweg die größten Verbrecher, die man sich vorstellen kann, Aufständische, und die hatte man alle, zehn Mann also, in den Bergen geschnappt und zu uns gebracht …«

»Moment«, unterbrach ihn der Gymnasiast, den Alten nachahmend, und er spürte seine Hände zu Eis werden. »Aber wieso hast du mir gesagt, du würdest niemals Aufständische erschießen, sondern eher den Offizier, der den Schießbefehl erteilt?«

»Aber ich würde auch den eigenen Vater nicht davonkommen lassen, wenn es nötig wäre«, erwiderte Paschka mit einem flüchtigen Blick auf den Gymnasiasten und wandte sich wieder dem Alten zu. »Ich hätte ihn vielleicht nicht angerührt, wenn er nicht vorgehabt hätte, uns zugrunde zu richten, aber er verlegte sich auf Tricks, und wir hätten seinetwegen ein ganzes Jahr in einer Sträflingskompanie verbringen können, aber so haben wir nicht nur eine Belohnung bekommen, sondern waren auch ein bißchen schlauer als er. Hör zu«, sagte er und tat so, als würde er ausschließlich mit dem Alten reden. »Wir haben sie redlich und anständig behandelt. Wir haben ihnen nicht übel mitgespielt, sie zum Beispiel nicht geschlagen oder mit dem Gewehrkolben angetrieben … Aber einer, so ein Hagerer, Kleiner, scheint krank zu sein, jammert die ganze Zeit über seinen Bauch, will ständig austreten. Kann kaum seine Ketten mitschleifen. Schließlich geht er zum Vorgesetzten: ›Gestatten Sie, daß ich mich auf den Wagen lege.‹ Nun ja, es wurde ihm gestattet, er war ja soweit ganz ordentlich. Wir kommen in Suchdeni an. Stockfinstere Nacht, es regnet in Strömen. Wir setzen sie auf die Vortreppe, bewachen sie, jeder von uns hält natürlich eine Laterne in der Hand, und der Vorgesetzte war in die Zelle gegangen, um die Gitter an den Fenstern zu untersuchen: Er wollte vermutlich sehen, ob sie heil waren und nicht vielleicht mit einer Feile angesägt …«

»Bestimmt«, sagte der Alte. »Er mußte ja von Gesetzes wegen alles ordnungsgemäß übernehmen.«

»Das meine ich ja«, bestätigte Paschka und barg wieder hastig ein brennendes Zündholz zwischen den schalenförmig zusammengelegten Händen. »Du kennst dich aus, dir erzählt man das gerne. Der Vorgesetzte war also weg«, fuhr er fort, drückte das Streichholz aus und ließ den Rauch durch die Nase entweichen, »um alles in Augenschein zu nehmen, und wir stehen da und duseln fast ein – wir waren todmüde –, und plötzlich springt dieser Georgier auf und rennt los, ab um die Ecke! Verstehst du, das hatte er sich schon auf dem Wagen ganz genau ausgetüftelt, irgendwie hatte er den Riemen aufgeschnitten, mit dem die Ketten befestigt waren, die Ketten losgemacht und mit der Hand so festgehalten«, Paschka beugte sich vor und zeigte mit gespreizten Beinen, wie der Häftling die Ketten gehalten hatte, »und ab durch die Mitte! Koslow und ich, nicht dumm, lassen die Laternen Laternen sein und hinterher: Koslow um die Ecke und ich geradeaus, ihm den Weg abschneiden. Ich laufe und versuche zu hören, wo das Geräusch ist, also wo die Ketten klirren – für nichts und wieder nichts brauche ich ja nicht zu schießen, denke ich mir –, und als ich es endlich höre – peng! Nicht getroffen, merke ich. Noch mal – wieder nicht getroffen, das höre ich. Koslow feuert unterdessen auf alles, was ihm vor die Flinte kommt, es fehlte nicht viel, und er hätte mich auch umgelegt … Da packt mich die Wut: Verdammt, denke ich, na warte! Ich lege an, schieße: Dank sei dir, oh Herr, er ist gestürzt, ich höre ein Geräusch, bestimmt ist er hingefallen. Ich schieße noch zweimal in seine Richtung, laufe hin, und da ist er: Er sitzt auf seinem Hinterteil am Boden. Sitzt da, die Hände in den Dreck gestützt, die Zähne gebleckt und röchelt: ›Mach schon‹, sagt er, ›mach schon, Russe, stich mit dem Bajonett hier an diese Stelle‹ … in die Brust also. Ich hänge mir im Laufen das Gewehr um – und mit voller Wucht mitten ins Herz … es kam am Rücken wieder raus!«

»Bravo!« sagte der Alte. »Laß mich mal ziehen … Und wo war Koslow?«

Paschka machte einen hastigen, kräftigen Zug und hielt dem Alten den Stummel hin.

»Koslow«, haspelte er munter, geschmeichelt durch das Lob, »Koslow kommt gerannt und schreit aus Leibeskräften: ›Hast du ihn erledigt?‹ ›Habe ich‹, sage ich, ›laß uns den Kadaver wegschleppen …‹ Wir packen ihn an den Ketten und schleifen ihn zurück, zur Vortreppe … Ich habe ihn abgestochen wie ein Schwein«, sagte er und verfiel in einen ruhigeren, selbstgefälligen Tonfall. »Und du behauptest, ich rede einfach so daher! Ich rede nicht nur einfach so daher, Bruder.«

Der Alte überlegte.

»Und er hat jedem von euch einen Rubel zur Belohnung gegeben, sagst du?«

»Das stimmt«, antwortete Paschka, »eigenhändig, vor der versammelten Front.«

Der Alte wiegte seine Mütze, spuckte in die Hand und löschte den Stummel im Speichel.

Iwan murmelte bedächtig zwischen den Zähnen:

»Dummköpfe gibt es offenbar auch bei den Soldaten jede Menge.«

»Was soll das heißen?« fragte Paschka.

Iwan schwieg.

»Heißt das, ich bin der Dummkopf, und du bist der Gescheite?« fragte Paschka, während er sich hinlegte.

»Ganz genau«, sagte Iwan. »Was hättest du tun müssen? Du hättest ihn nicht wegschleppen dürfen, sondern deinen Kameraden mit einem Rapport losschicken und selbst mit dem Gewehr bei der Leiche stehenbleiben müssen. Hast du es jetzt kapiert, oder immer noch nicht?«

III

Fedot begann zu erzählen, nachdem sie alle eine Weile geschwiegen und hin und wieder gemurmelt hatten: »Ja-a … Bravo …« – und er sprach noch schlichter.

»Und ich«, begann er zögernd, auf den Ellbogen gestützt, und blickte auf die dunkle, reglos vor ihm in den Sternenhimmel aufragende Gestalt des Gymnasiasten, »ich habe vollkommen umsonst gesündigt. Ich habe wegen einer Kleinigkeit – man muß es schon so sagen – einen Menschen getötet: und zwar wegen meiner Ziege.«

»Wie – wegen einer Ziege?« Wie aus einem Munde fielen der Alte, Paschka und der Gymnasist, dem plötzlich die Zähne klapperten, ihm ins Wort.

»Bei Gott, es ist die Wahrheit«, erwiderte Fedot. »Hört zu, was für ein giftiges Biest diese Ziege war …«

Mit einem verwunderten Blick auf ihn fingen der Alte und Paschka wieder an zu rauchen, schüttelten das Stroh auf und machten sich bereit zuzuhören. Auch der Gymnasiast hätte gerne geraucht, aber seine eiskalten Hände ließen sich nicht bewegen, nicht aus den Taschen ziehen. Fedot aber sprach ernst und bedächtig weiter:

»Ihretwegen ist das alles passiert. Natürlich habe ich nicht absichtlich getötet … Er hat mich schließlich zuerst verprügelt. Dann gab es Streit, eine Gerichtsverhandlung … Er kam an, war betrunken, und ich sprang im Eifer hinaus und schlug mit einem Schleifstein auf ihn ein … Na ja, jedenfalls habe ich seinetwegen ein halbes Jahr im Kloster abgesessen, aber wenn diese Ziege nicht gewesen wäre, wäre nichts passiert. Vor allem wurden bei uns noch nie Ziegen gehalten, das ist nichts für Bauern, wir können damit nicht umgehen, und die hier war besonders ungestüm und leichtsinnig. Die war vielleicht ein Aas, Gott bewahre! Der reinste Windhund! Eigentlich wollte ich mir gar keine Ziege anschaffen – alle Leute haben mich ausgelacht und mir abgeraten –, aber die Not zwang mich dazu. Nutzfläche hatten wir keine, Land und Wälder auch nicht … Einen eigenen Viehtrieb hatten wir seit jeher nicht, Kleinvieh findet auch auf den Brachackern sein Futter. Das Großvieh, die Kühe, haben wir immer auf den herrschaftlichen Hof gegeben, und für diese ganze Vereinbarung wurde von uns, von den Bauern, verlangt, daß wir zwei Desjatinen mähen und binden, zwei Desjatinen Brachland beackern, mit dem Weib drei Tage bei der Heumahd ableisten und drei Tage beim Dreschen … Wenn man das zusammenzählt, wieviel gibt das?« fragte Fedot und drehte den Kopf zum Alten.

Der Alte bestätigte mitfühlend:

»Weiß Gott!«

»Aber eine Ziege zu kaufen«, fuhr Fedot fort, »das kostet sieben oder sagen wir acht Silberrubel, und beim Melken gibt sie ungefähr vier Flaschen, nicht weniger, und ihre Milch ist dickflüssiger und süßer. Natürlich ist es unpraktisch, daß man sie nicht zusammen mit Schafen halten kann – sie stößt sie, wenn sie trächtig ist, und wenn sie einmal damit anfängt, ist sie tückischer als ein Hund, sie kann Schafe einfach nicht leiden. Sie ist ein zähes Vieh – klettert ohne weiteres auf eine Kate oder auf einen Weidenbaum. Gibt es irgendwo einen Weidenbaum, frißt sie bestimmt die Rinde ab – das ist ihr größtes Vergnügen! Sie sollte besser Gras fressen – aber nein, das frißt sie nicht …«

»Du wolltest doch erzählen, wie du einen Menschen getötet hast«, stieß der Gymnasiast mit Mühe hervor, wobei er immer wieder zu Paschka hinüberblickte, auf sein im Sternenlicht nur undeutlich zu sehendes Gesicht; er konnte gar nicht glauben, daß dieser Paschka ein Mörder war, und stellte sich den kleinen toten Georgier vor, den zwei Soldaten in einer dunklen, regnerischen Nacht an Ketten durch den Dreck schleifen.

»Was glaubst du denn wohl, wovon ich rede?« erwiderte Fedot barsch und sprach jetzt etwas lebhafter. »Du kannst das gar nicht verstehen, du hast es noch nie mit einem eigenen Hausstand versucht, und an Mamas Rockzipfel hängen, das kann jeder. Ich rede davon, daß diese furchtbare Sünde wegen einer Kleinigkeit geschehen ist. Drei Schafe habe ich wegen der Ziege geschlachtet«, sagte er an den Alten gewandt. »Neuneinhalb habe ich dafür genommen, und für die Ziege habe ich acht bezahlt. Das kam nicht billig … Und dann tagein tagaus der Ärger mit meiner Frau. Gelohnt hat es sich nicht, sage ich, ich habe acht für die Ziege bezahlt, noch einiges für die Wirtschaft gekauft, ein paar Sachen,

Pfeifen für die Kinder, dann laufe ich nach Hause, schleppe das Zeug mit, den ganzen Weg, komme gegen Morgen an – und siehe da, mir fehlt ein Fünfziger: Ich hatte ihn in die Tasche gesteckt und verloren. Die Frau zählt das Geld – ›Wo ist der Fünfziger? Hast du den verschluckt?‹ fragt sie. ›Du Dummkopf, ich hab dir doch gesagt, du sollst sie ausweiden und verkaufen und das Fell behalten …‹ Sie hat mir ordentlich den Kopf gewaschen. ›Warum sind die Pfeifen so krumm?‹ – ›Meinst du vielleicht, für eine Kopeke kannst du dir noch was aussuchen? Da hast du wieder was gefunden …‹ Ein Wort gab das andere … Das war vielleicht ein Geschimpfe, du meine Güte! Sie ist, um die Wahrheit zu sagen, ein gemeines Luder, wie man im ganzen Gouvernement keines mehr findet …«

»Selber schuld«, warf Paschka nüchtern ein. »Wenn du sie nicht verprügelst, hast du das Nachsehen.«

»Auch wieder wahr«, sagte Fedot. »Na jedenfalls hat sie es sich anders überlegt und nachgegeben. Und als sie die Ziege melkte, besserte sich ihre Laune: Der Milchertrag war gut, und die Milch ausgezeichnet. Wir haben uns schon gefreut. Wir trieben sie in die Herde. Ich gab den Hirten Geld für Tabak und brachte ihnen einen Becher Wodka … sonst bringen die Hundesöhne ihnen nämlich bei, mit den Hörnern zu stoßen … Aber als die Herde am Abend zurückkommt, sehe ich, meine Ziege ist nicht dabei. Ich sage zum Hirten: Warum ist unsere Ziege nicht da? Weil wir die Herde auf eine Waldbrache getrieben haben, sagt er, und da hat deine

Ziege mit den Kühen gespielt und sich mit dem Bullen angelegt: Sie geht ein Stück weg von ihm, stürmt auf ihn zu – und ihm mitten vor den Bug! Sie hat ihm so die Hölle heiß gemacht, daß er sich hinter den Kühen versteckt hat, und wenn man sie wegjagen wollte, war sie im Nu im Hafer ... Wir waren einfach fix und fertig! Nachher ist sie weggelaufen, der Hütejunge ist noch hinter ihr hergerannt, durch den ganzen Wald, aber er hat sie nirgends gefunden – sie war wie vom Erdboden verschluckt ...«

»Wahrhaftig ein giftiges Biest, diese Ziege!« bemerkte der Alte.

»Pah!« sagte Fedot höhnisch. »Das war noch gar nichts, hör zu, was dann kam! Als die Ziege weg war, haben meine Alte und ich die Nerven verloren. Na, dachten wir, aus und vorbei, unser Geld ist futsch, jetzt kriegt der Wolf sie zu fassen. Nicht im Traum hätten wir gedacht, daß es viel besser gewesen wäre, wenn sie dem Teufel in die Klauen geraten wäre. Früh am Morgen sind wir also in den Wald, haben jedes Fleckchen Erde abgesucht, sind hinter jeden Busch gekrochen – aber einfach keine Spur von ihr, fertig aus! Ich war weiß Gott am Boden zerstört, aber trotzdem bin ich zum Pflügen gefahren – es war gerade Pflügezeit. Ich hatte ein Stück Brot in einem Tuch dabei, das lege ich an den Feldrain und pflüge, und auf dem anderen Hügel pflügt ein Bursche aus dem Dorf – mit einem Mal höre ich ihn rufen, und er zeigt mit der Hand auf etwas. Ich sehe mich um und fasse es nicht: die Ziege! Schnappt das Bündel mit den Zähnen, schüttelt es aus, steht da, wackelt mit dem Bart und frißt mein Brot … Ziegen haben nämlich eine Nase für Brot, egal wo es ist, wenn du es aufhängst, klettern sie rauf und schnappen es sich. Ich lasse den Hakenpflug fallen und renne hin. Ich renne hin, sie rennt weg. Ich hinterher, sie läuft mir weg, und dann bleibt sie stehen und kaut das Brot, als könnte sie kein Wässerchen trüben. Dabei ist sie so ein munteres, schlaues Luder und verfolgt jede meiner Bewegungen. Ich hatte so eine Wut im Bauch, daß ich sie unbedingt kriegen wollte, am liebsten hätte ich sie totgeschlagen! Sie hat das Brot aufgefressen und läuft weg, dreht sich um, guckt mich an und wackelt mit dem Sterz – sie macht sich regelrecht lustig über mich!«

»Das gibt es doch nicht, so ein hemmungsloses Vieh!« bemerkte der Alte.

»Ja was sage ich denn?« rief Fedot, angefeuert durch das Mitgefühl. »Ich sage doch, sie hat uns regelrecht den Kampf angesagt! Keine Woche war vergangen, da waren die Leute wütend auf mich, deine Ziege, sagten sie, macht den Bauern das Getreide kaputt, bei mir hat sie schon eine Achtel Desjatine zerstampft und alle Haferrispen abgerissen. Einmal geht ein Gewitter nieder, es donnert, Blitze lodern und der Regen rauscht, und was sehe ich – meine weiße Ziege kommt angerannt, so schnell sie kann, blökt aus Leibeskräften – und flitzt geradewegs in den Hausflur. Ich hinter ihr her, so schnell es geht, dränge sie in die Ecke, wickele ihr einen Gürtel um die Hörner und prügele auf sie ein … es donnert, es blitzt, und ich walke sie ordentlich durch, aber wie! Wohl eine Stunde habe ich auf sie eingedroschen, Ehrenwort! Dann habe ich sie auf die Viehkoppel gesetzt und mit dem Gurt angebunden … Aber weiß der Teufel, entweder war der Gurt schon morsch oder sonstwas, als wir am Morgen nachsehen, ist die Ziege jedenfalls nicht mehr da! Du kannst mir glauben, mir sind vor lauter Wut die Tränen gekommen!«

IV

Fedots Tonfall war so schlicht und eindringlich, so voller Kummer um seine häuslichen Angelegenheiten, daß niemand auf die Idee gekommen wäre, hier würde ein Mörder von seiner Sünde erzählen. Sie hörten ihm einfach nur zu. Kirjuschka lag reglos auf dem Bauch, bis obenhin mit seiner Bauernjacke zugedeckt, unter der seine dick mit weißen Fußlappen eingehüllten und in großen Bastschuhen steckenden Beine hervorstaken. Iwan, der seine Mütze in die Stirn gezogen und die Hände in die Ärmel geschoben hatte, lag auf der Seite und rührte sich ebenfalls nicht, er schwieg auch deshalb streng und ernst, weil er es für unter seiner Würde hielt, sich für Dummköpfe zu interessieren. Es war ihm dermaßen gleichgültig, ob er Mörder um sich hatte, daß er sogar einmal rief:

»Zeit zu schlafen! Ihr könnt morgen weiterpalavern!«

Paschka und der Alte lagen aufgestützt da, kauten nachdenklich Strohhalme, wiegten nur die Köpfe und grinsten von Zeit zu Zeit: Wahrhaftig, Fedot hatte aber auch Pech gehabt mit dieser Ziege! Fedot fühlte sich offenbar so bestätigt von der Anteilnahme an seinem lächerlichen und bitteren Schicksal, daß er sich nun gar nicht mehr zurückhielt mit Abschweifungen. Der Gymnasiast preßte im kalten Wind und vor innerem Frösteln die Zähne zusammen und blickte bisweilen beklommen und verwundert um sich: Wo war er, was war das für eine seltsame Nacht? Aber es war noch immer dieselbe einfache, vertraute Nacht auf dem Dorf, wie es sie so häufig gab: Das Feld leuchtete dunkel, die Getreidedarre zeichnete sich als schwarzes Dreieck vor dem Sternenhimmel ab, der Wind blies durch die Weiden, hinter denen die Sterne aufblitzten und erloschen, ein kühler Luftzug mit dem Geruch von Spreu und Unrat streifte Gesicht und Hände, im Stroh raschelte etwas und verstummte wieder … Tief und fest schliefen die Hunde, eingesunken wie weiße Knäuel im Stroh … Das Unheimliche war nur, daß es schon spät war, daß ein Häuflein silbriger Sterne im Nordosten schon hoch am Himmel stand, daß in der Ferne dumpf und herbstlich die dunkle Masse des schläfrigen Gartens rauschte, daß im Sternenlicht die Augen in den Gesichtern der Leute funkelten …

»Tja, Bruder«, sagte Fedot und mußte über seine absurde, traurige Lage selbst lachen: »Da hatte ich meine liebe Not! Letztendlich sagte man mir, ein Bauer in Prilepy hätte meine Ziege eingetrieben. Ich mache mich auf, sie zu holen, was blieb mir übrig, das war halt mein Schicksal! Ich kam in das Dorf, aber wo ich auch hingucke, keiner da, alle bei der Arbeit. Da kommt ein Junge zum Wasserholen, den frage ich: ›Wo ist das Haus von Botschkow?‹ ›Da drüben‹, sagt er, ›wo die alte Frau in dem roten Rock unter der Weide sitzt.‹ Ich gehe dahin: ›Ist das der Hof von Botschkow?‹ Die Alte winkt mit der Hand und zeigt auf eine Viehkoppel.«

»Die war wohl nicht mehr ganz richtig im Kopf«, warf Paschka ein und lachte so gutmütig, daß der Gymnasiast sich erschrocken und verwundert zu ihm umsah und dachte: »Es kann einfach nicht sein – das hat er sich alles nur ausgedacht!«

»Ganz genau«, bekräftigte Fedot. »Sie winkt also bloß mit der Hand. Ich hatte unterdessen in der Viehkoppel schon längst ein Schwein quieken gehört. Ich mache die Tür zum Stall auf, so ein geflochtener Verschlag, wo dieses Schwein gehalten wird. Ich sehe ein Weib auf dem Rücken einer riesigen Sau: Das Weib hat sich auf die Sau gestürzt, hält sich mit einer Hand fest und schüttet mit der anderen aus einem Eimer Wasser über die Sau. Das Schwein ist schwarz vor Dreck und schleppt das Weib herum, das Weib wird einfach nicht fertig mit ihm, die Röcke sind ihr hochgerutscht bis zum Bauch. Zum Lachen und zum Heulen war das! Als sie mich sieht, zupft sie an ihrem Rocksaum, Beine, Arme, das ganze Gesicht mit Dung beschmiert … ›Was willst du?‹ ›Was ich will? Ein Anliegen hab ich. Was machst du denn da?‹ ›Ich wasche das Schwein, siehst du doch! Drei Eimer habe ich schon drübergeschüttet, ich krieg es einfach nicht sauber – der Dreck ist festgetrocknet wie eine zweite Haut, es kann schon nichts mehr sehen vor lauter Dreck, und es ist ein teures Schwein. Ich hab das Auge nur berührt, da hat es mich schon auf dem Rükken. Das ganze Hemd ist durchweicht, so weit ist es schon gekommen. Und, was ist das für ein Anliegen?‹ ›Es ist so‹, sage ich, ›ihr habt meine Ziege eingetrieben, ihr habt hier zugelaufenes Vieh und sagt einem nicht Bescheid.‹ ›Wir haben deine Ziege überhaupt nicht‹, sagt sie. ›Wir haben sie freigelassen. Auf dem Hof der Herrschaft haben sie sie eingetrieben.‹ Dann lacht sie aus irgendeinem Grund. So-o, denke ich, also wieder Essig! Na warte! Ich ging wieder raus und meiner Wege. Kaum war ich hinter dem Nachbarhof in den Pfad durch das Hanffeld eingebogen, steht plötzlich ein Knirps vor mir, rote Haare und Sommersprossen, und fragt: ›Bist du wegen der Ziege gekommen?‹ ›Bin ich. Wieso?‹ ›Ich geh mit dir auf den Hof der Herrschaft.‹ ›Wieso das denn, bitte schön? Du gehst mit mir nirgendwohin!‹ ›Und ob. Ich kann dir eine Geschichte von deiner Ziege erzählen.‹ ›Von wegen, gleich breche ich eine Weidenrute ab, vielleicht hast du dann Respekt vor mir …‹ Plötzlich höre ich hinter der Kate ein Weib rufen: ›Kuska, wo steckst du, nimm dich in acht!‹ ›Lauf‹, sage ich, ›mach schnell, gleich kommt deine Mutter mit Brennesseln an.‹ Da war sie auch schon, und als sie ihn sieht, stürzt sie zu ihm: ›Hab ich dir nicht gesagt, du sollst auf den Kleinen aufpassen? Wo hast du denn jetzt wieder gesteckt?‹ Sie packt ihn, zieht ihm die Hosen runter und schlägt mit den Brennesseln auf sein blankes Hinterteil ein … Ich mache noch Witze, sage: ›Gib's ihm, dem Bengel!‹ Da fällt sie über mich her: ›Wer bist du überhaupt?‹ ›Was geht dich das an?‹ ›Sag schon, wer bist du?‹ ›Rumpelstilzchen bin ich. Was brüllst du denn so? Ich suche meine Ziege.‹ ›Ach, du bist das, deine Ziege bringt das ganze Dorf durcheinander, nimm dich bloß in acht!‹ Da sehe ich, wie von der Getreidedarre her ein großer Mann gelaufen kommt – keine Mütze, kein Gürtel, in Stiefeln. Er stürmt auf mich zu: ›Ist das deine Ziege?‹ ›Ja.‹ … Da holt er aus und zieht mir eins über!«

»Sauber!« riefen der Alte und Paschka wie aus einem Munde, und der Gymnasiast schrie auf: Jetzt kam das Schlimmste! Fedot aber zog in aller Ruhe den Schoß seines Halbpelzes unter sich hervor und fuhr fort:

»Ja, er hat so zugeschlagen, daß mir ganz schwindlig wurde. Damit fing dann der Streit an. Ich packe ihn bei den Armen und frage: Wofür ist das denn? Da laufen schon die Leute zusammen … Ich rufe alle Leute auf, das zu bezeugen, und frage noch einmal: Was hat meine Ziege gemacht? Stellt sich heraus, sie hatte ein Kind über den Haufen gerannt, daß ihm der Kopf blutete, ein Hemd zerkaut und den Roggen niedergetrampelt. Wunderbar – zeig mich an, dann werde ich mich verantworten müssen, aber du kommst auch nicht einfach so davon. Und jetzt kannst du mich mal! Ich setzte die

Mütze auf und ging rasch zum herrschaftlichen Hof. Ich war schon wieder guter Dinge: Die Ziege entkommt mir jetzt nicht mehr, dachte ich, und einfordern kannst du jetzt auch nichts mehr von mir – du hättest dich nicht gleich mit mir prügeln sollen. Beim Näherkommen sehe ich einen kleinen Jungen mit Atlasкäppi und bloßen Armen und Beinen, der auf einem Pferdchen mit Stutzschwanz reitet, ein Jockey nennt sich das. Das Pferd tänzelt nervös, und er sticht es immerzu mit einer Gerte. ›Gesundheit zu wünschen, gestatten Sie die Frage: Haben Euer Gnaden meine Ziege?‹ ›Wer sind Sie?‹ ›Der Besitzer der Ziege.‹ ›Aber mein Papa hat befohlen, sie einzutreiben.‹ Na großartig, ich gehe weiter, begegne einem Bettler, besorge mir bei ihm noch etwas Brot, die Hunde auf dem herrschaftlichen Hof sind nämlich kräftig, und wie ich auf den Hof komme, sehe ich, neben dem Haus auf dem Sandplatz steht eine vierspännige Kutsche: Die Pferde sind gutgenährt und feurig, und der Kutscher ist ein kleiner, schmächtiger Kerl, richtig mickrig. Auf der Vortreppe steht ein Lakai mit zwei Bärten. Ein erwachsenes Fräulein tritt heraus, in einem Hut mit Bändern, das Gesicht ganz mit Gaze verhüllt. ›Dascha‹, ruft sie dem Zimmermädchen im Haus zu, ›sagen Sie dem Herrn, er soll rasch kommen. Er ist an der Reithalle.‹ Ich zur Reithalle. Ich sehe, da steht der Herr selbst, in einer Uniform mit grünem Kragen und einem Orden am Hals, er hält eine Schirmmütze in der Hand, die Glatze schillert in der Sonne, lauter Falten am Bauch und ganz rot angelaufen. Ein kleiner Junge hockt auf dem Dach und tastet mit der Hand unter dem Dachvorsprung herum, sucht etwas. Bestimmt Stare, denke ich mir. Aber nein, er ist hinter den Spatzen her. Er sieht zu und schreit: ›Na los, fang sie, die verfluchten Biester!‹, und der Junge schnappt sich die nackten Spatzenkinder und klatscht sie auf den Boden. Da sieht er mich: ›Was willst du?‹ ›Es ist so‹, sage ich, ›Ihr Gärtner hat meine Ziege in den Erdbeeren geschnappt. Gestatten Sie, daß ich sie mitnehme und totschlage.‹ ›Das war nicht das erste Mal‹, sagt er, ›du mußt zur Strafe zwei Rubel zahlen.‹ ›Einverstanden‹, sage ich, ›es ist meine Schuld, das kann ich unterschreiben. So ein Pech aber auch‹, sage ich, ›sonst passen immer zwei Mägde auf sie auf, aber gestern, weiß der Teufel, wie das zuging, vielleicht haben sie rohe Pilze gegessen, jedenfalls haben sich beide auf der Erde gewälzt und gekotzt, und meine Frau hat offen gestanden auch nicht richtig aufgepaßt, sie lag im Futterschuppen und hat geschrien wie am Spieß – sie hatte sich die Hand verrenkt.‹ Ich muß mich schließlich irgendwie rechtfertigen. Ich erzähle ihm, was für ein giftiges Biest meine Ziege ist, wie ich ihretwegen eins hinter die Ohren bekommen habe, und da lacht er und taut etwas auf. ›Soviel ich auch hinter ihr herrenne‹, sage ich, ›ich krieg sie einfach nicht, und da wollte ich Euer Gnaden um Pulver bitten und das Gewehr vom Gärtner nehmen und sie erschießen.‹ Nun ja, er hat sich erweichen lassen und es mir erlaubt, und da habe ich sie auf der Stelle kaltgemacht.«

»Tatsächlich?« fragte der Alte.

»Und ob«, sagte Fedot. »›Na, dann hol sie dir‹, sagt er zu mir, ›aber paß auf, daß du sie nicht mit meinen verwechselst.‹ ›Ganz bestimmt nicht‹, sage ich, ›ich kenne ihre Visage.‹ Wir gingen zur Viehkoppel und nahmen den Hirten Pachomka mit. Der Herr kam auch mit. Hat ihn wohl interessiert ... Ich werfe einen Blick hinein und entdecke sie sofort hinter den Schafen: Da steht sie, kaut vor sich hin und sieht mich scheel von der Seite her an. Pachomka und ich treiben die Schafe in einer Ecke dicht zusammen, und ich gehe auf sie zu. Ich hab vielleicht zwei Schritte gemacht, da macht sie schnurstracks einen Sprung über den Hammel! Steht wieder da und sieht mich an. Ich wieder auf sie zu ... Sie senkt den Kopf, die Hörner nach unten, und stürmt auf die Schafe zu – die weichen vor ihr zurück wie Wasser. Da packt mich die Wut. Ich sage zu Pachomka: ›Treib sie schön langsam vor dir her, und ich klettere dahinten, wo es dunkel ist, auf einen Balken und pack sie bei den Hörnern.‹ Auf dem Hof lag so viel Mist, daß er an einigen Stellen bis zu den Balken hinaufreichte. Ich klettere hoch, lege mich darauf, halte mich fest, und Pachomka treibt sie auf mich zu. Der Herr steht auch da – zweimal kam das Zimmermädchen und wollte ihn holen, aber er bleibt stehen und lacht. Endlich ist sie direkt vor dem Balken, und ich schnappe nach ihrem Horn! Wie sie da anfing zu schreien – richtig unheimlich wurde mir! Ich falle vom Balken herunter, stemme mich mit den Beinen auf den Boden, halte mich am Horn fest, und sie schleift mich über den Hof, bis zur Grube, dreht sich um, kratzt mit ihrem Horn an meinem Bart und über die Nase – mir wird schwarz vor Augen … Wie ich wieder gucke, ist sie schon auf dem Dach: Sie ist auf den Misthaufen gesprungen, von da aufs Dach, vom Dach ins Unkraut … Wir hören die Hunde auf dem Hof lärmen, sie sind hinter ihr her und jagen sie durchs Dorf. Wir natürlich raus und hinter ihr her. Sie stürmt so schnell sie kann schnurstracks bis zum letzten Haus: Dahinter war eine neue Kate im Bau, die Fenster waren noch mit Hanf gefüllt, es gab noch keinen Flur, dafür waren nackte Weidenäste schräg gegen das Dach gelehnt. Sie also da hochgeklettert bis in den Dachfirst – wie von einem Wirbelwind in die Höhe gehoben! Als wir angerannt kamen, spürte sie wohl schon den Tod – sie schrie aus Leibeskräften vor lauter Angst. Ich packte einen dicken Ziegelstein und warf ihn so geschickt, daß sie hochsprang, über das Dach hinunterrauschte und auf der Erde aufschlug. Als wir hinkommen, liegt sie da, die Zunge zuckt durch den Staub. Sie ächzt und röchelt, ächzt und röchelt – als ob ihr der Staub in die Nase steigt. Und eine Zunge so lang wie die von einer Schlange … Na ja, ungefähr nach einer halben Stunde war sie natürlich krepiert.«

V

Sie schwiegen eine Weile. Fedot richtete sich auf, setzte sich hin, beugte sich vor und begann mit ausgebreiteten Armen bedächtig, die Bänder abzuwickeln, mit denen seine alten, lockeren Fußlappen umwickelt waren. Und einen Moment darauf erblickte der Gymnasiast mit Entsetzen und Abscheu das, was er zuvor so viele Male vollkommen gleichmütig gesehen hatte: einen nackten Bauernfuß, totenbleich, riesig, platt, mit einem häßlich verwachsenen großen Zeh, der schräg über den anderen Zehen lag, und ein mageres, behaartes Schienbein, das Fedot, nachdem er den Fußlappen gelöst und fortgeworfen hatte, heftig und mit wonnevollem Ingrimm zu kratzen und mit seinen Nägeln, die hart waren wie Tierkrallen, abzuzupfen begann. Als er damit fertig war, wackelte er mit den Zehen, nahm mit beiden Händen den Fußlappen, der an den Stellen von Ferse und Sohle steinhart, gebogen und schwarz war – wie mit schwarzem Wachs eingerieben –, schüttelte ihn aus und verströmte damit einen unerträglichen Gestank in der frischen Luft. Ja, den kostet es nichts, jemanden zu töten! dachte der Gymnasiast schaudernd. Das ist der Fuß eines echten Mörders! Schrecklich, wie er diese wunderbare Ziege getötet hat! Und den anderen mit einem Schleifstein … hat bestimmt die Sense geschleift … Direkt auf den Scheitel, einfach totgeschlagen hat er ihn … Aber Paschka! Paschka! Wie kann er das so fröhlich erzählen? Richtig genüßlich: »Es kam am Rücken wieder raus!« Nein, das hat er sich doch ausgedacht.

Plötzlich sagte Iwan düster, ohne den Kopf zu heben:

»Dummköpfe werden sogar am Altar verprügelt. Aber dich für diese Ziege zu verprügeln, du Frömmler, ist noch zu wenig. Warum hast du sie erschlagen? Du hättest sie verkaufen können. Was bist du für ein Bauer, wenn du nicht begreifst, daß ein Bauer nicht ohne Vieh sein kann? Man muß das Vieh schätzen. Wenn ich eine Ziege hätte ...«

Er sprach nicht weiter, schwieg eine Zeitlang und grinste dann plötzlich.

»Da gab es mal eine Geschichte in Stanowaja, na, das war was ... Da hatte sich der Gutsherr Mussin einen Stier zugelegt, ein wildes Tier, fast wie deine Ziege. Vor dem war niemand sicher. Zwei Hirten hat er abgestochen, dann wurde er an einer Kette festgeschmiedet, aber er riß sich los und lief weg. Der hat auch mal den Bauern ihr ganzes Getreide niedergetrampelt, und keiner traute sich, ihn zu verscheuchen: Alle hatten Angst und machten einen gewaltigen Bogen um ihn. Dann sind sie natürlich draufgekommen, ihm die Hörner abzusägen ... Da wurde er etwas ruhiger. Nur hatten die Bauern ihm das nicht vergessen. Als die Aufstände begannen, machten sie folgendes: Sie fingen ihn auf dem Feld ein, fesselten ihn mit Seilen und warfen ihn um ... Geschlagen haben sie ihn nicht, aber sie haben ihm die Haut abgezogen. So kam er nackt auf den herrschaftlichen Hof gelaufen – er fiel hin und ist da krepiert … verblutet ist er.«

»Wie?« fragte der Gymnasiast. »Sie haben ihm die Haut abgezogen? Bei lebendigem Leibe?«

»Nein, bei gekochtem«, murmelte Iwan. »Ach, du Moskauer Unschuldslamm!«

Alle fingen an zu lachen, und Paschka, der am lautesten lachte, fiel ein:

»Das sind Räuber! Und du sagst, man soll uns verschonen! Nein, Bruder, ohne unsereins, ohne die Soldaten, kommt man hier nicht aus! Als wir nach Senjaki bei Kursk standen, haben wir ein Dorf befriedet. Dort hatten sich die Bauern in den Kopf gesetzt, den Herrn umzubringen … Dabei war er ein guter Herr, wie es hieß … Sie gingen mit dem ganzen Dorf auf ihn los, die Weiber natürlich hinterher, und die Wachtposten stellten sich ihnen entgegen. Die Bauern stürzten sich auf sie mit Pflöcken und Sensen. Die Wachtposten feuerten eine Salve ab, und natürlich nahmen die Bauern Reißaus … Diese Bauernrüpel haben doch keine Kraft, zum Teufel! Aber eine Kugel traf ein Kind, das bei einer Frau auf dem Arm saß. Die Frau blieb am Leben, aber das Kind machte natürlich keinen Pieps, hat nur einmal kurz mit den Beinchen gezappelt. Mein Gott!« sagte Paschka, schüttelte lachend den Kopf und setzte sich bequemer hin. »Was die Bauern da nicht alles angestellt haben! Alles zu Kleinholz geschlagen, den Herrn haben sie zum Stall gejagt, ihn hineingetrieben, und dieser Bauer, der Vater des Kindes, ist mit seinem Kind dahin, kriegt keine

Luft mehr, ist ganz kopflos vor Kummer – und schlägt dem Herrn mit dem toten Kind über den Kopf! Packt es an den Beinchen und prügelt drauflos. Die anderen stürzen sich auch auf ihn, und so haben sie ihm alle gemeinsam den Todesstoß versetzt. Als sie uns hinschickten, fing er schon an zu verwesen … Na ja, was soll's«, sagte er laut und fröhlich mit seiner angenehmen, klangvollen Stimme, »beweis uns deine Geschichte erst einmal. Vielleicht redest du auch einfach nur so daher«, setzte er in einem so munteren, gutmütigen Tonfall hinzu, daß man ihm nicht gram sein konnte, »vielleicht hat er dir für deine liebe Seele eins hinter die Ohren gegeben, und das war alles …«

»Was gibt es da zu lachen, du Dummkopf!« wollte der Gymnasiast ausrufen, der mit einem Mal einen glühenden Haß auf Paschkas Lachen und seine Stimme verspürte. Aber da regte sich unerwartet Kirjuschka, er hob den Kopf und sagte kindlich naiv:

»Aber was damals passiert ist, als der gnädige Herr Kotschergin zusammengeschlagen wurde … schlimm! Ich war damals als Hirte bei ihm … Alle Spiegel haben sie im Teich versenkt … Wir sind nachher vom Dorf aus zum Baden gegangen und haben sie alle aus dem Schlamm gezogen … Wenn man tauchte, konnte man sich draufstellen, dann war es glitschig unter den Füßen … Und dieses … wie heißt das noch … Fortopjano haben sie in den Roggen geschleppt … Wir sind manchmal hingegangen …«, Kirjuschka richtete sich etwas auf und stützte sich lachend auf den Ellbogen. »Wir sind manchmal hingegangen, und es stand da … Dann haben wir einen Knüppel genommen und draufgehauen, auf die Tasten … von einer Ecke zur anderen … Das spielt besser als jede Harmonika!«

Wieder lachten alle. Nur Fedot schwieg. Er hatte die Fußlappen gewechselt, die Bänder wieder ordentlich über Kreuz zusammengebunden, sich zurechtgemacht und wieder die vorherige Position eingenommen. Er wartete ab, bis einen Moment lang Schweigen herrschte, und begann dann gemächlich, seine Geschichte zu Ende zu erzählen.

»Nein, Bruder«, begann er als Antwort auf Paschkows letzte Worte, »das ist es ja, er hat mir nicht nur eins hinter die Ohren gegeben. Er hat mich auch vor Gericht geschleppt … wegen seiner ganzen Verluste und Einbußen, wegen Feldfrevel. Er hieß Andrej Bogdanow … Andrej Iwanow Bogdanow. Ein baumlanger Kerl, rot, hager, immer boshaft und betrunken. Der hat mich also angezeigt. Erst zieht er mir eins über, und dann zeigt er mich an. Gut, was? Wir haben alle Hände voll zu tun, keine Zeit zu verschnaufen, und da muß ich fünfzehn Werst weit laufen … Dafür hat ihn der Herr wohl auch bestraft, wie man sieht …«

Fedot blickte zwischendurch auf das Stroh, hustete dumpf, wischte sich die flachen Lippen mit der Hand aber und sprach immer düsterer und ausdrucksvoller. Nachdem er gesagt hatte: »… hat ihn der Herr wohl auch bestraft …«, schwieg er eine Weile und fuhr dann fort:

»Natürlich wurde das Verfahren eingestellt. Man hat uns miteinander versöhnt. Gegenseitige Ehrverletzung, wie es hieß. Bloß daß ihm das keinen Eindruck gemacht hat. Gleich nach der Versöhnung hat er sich betrunken und gedroht, mich umzubringen. Vor allen Leute schrie er herum: ›Warte nur‹, sagte er, ›warte nur, noch bin ich nicht betrunken, aber wenn es soweit ist, dann kannst du was erleben.‹ Ich wollte keinen Ärger – aber er packte mich am Schlafittchen ... Dann fing er an, zu uns ins Dorf zu kommen: Er kommt an, ist betrunken, stellt sich vors Fenster und fängt an, mich unflätig zu beschimpfen. Und ich habe eine erwachsene Tochter ...«

»Das gehört sich nicht!« grunzte der Alte teilnahmsvoll und gähnte.

»Das will ich meinen!« sagte Fedot. »Na jedenfalls kam er auch zu Quiricus, am Abend. Ich hörte ihn auf der Straße lärmen. Ich stand auf, ohne einen Ton zu sagen, ging hinaus auf den Hof, setzte mich auf die Egge und fing an, die Sense zu schleifen. Mich hatte eine solche Wut gepackt, daß mir ganz schwarz vor Augen wurde. Ich höre ihn vor der Kate Radau machen. Gleich schlägt er die Scheiben ein, denke ich. Aber er machte nur Krach und wollte schon wieder abziehen. Es wäre vielleicht weiter nichts passiert, aber in dem Moment kam Olka, meine Tochter, rausgerannt ... sie schreit wie am Spieß: ›Vater, zu Hilfe, Andrjuschka schlägt mich!‹ Da sprang ich mit dem Schleifstein von der Sense hinaus und schlug ihm in meiner Wut – zack, auf den Kopf!

Er ging zu Boden. Wir sind gleich zu ihm gerannt, und er liegt da und röchelt, und die Spucke läuft ihm aus dem Mund. Das Volk kommt gelaufen, die Leute kippen Wasser über ihm aus … Aber er liegt nur da und hat einen Schluckauf … Vielleicht hätte man da etwas unternehmen müssen … einen Umschlag machen oder sonstwas … ihn schnell ins Krankenhaus bringen, dem Doktor einen Zehner zuschieben … aber woher nehmen? Bei der Armut … Na, er hickste noch eine ganze Weile, und spät am Abend starb er. Wälzte sich hin und her, warf den Kopf zurück, streckte sich – und das war's. Das Volk steht um ihn herum, schaut zu und schweigt. Sie hatten schon die Lichter angezündet … Es war allen angst und bange geworden.«

Fröstelnd und am ganzen Leibe zitternd, mit glühendheißem Gesicht erhob sich der Gymnasiast, kletterte vom Getreideschober herunter und versank bis zum Gürtel im Stroh. Ein Windhund, von ihm aufgescheucht, sprang plötzlich hoch und bellte. Der Gymnasiast fuhr zusammen, fiel ins Stroh und erstarrte. Der kühle Wind rauschte, direkt über ihm schimmerte weißlich ein Häuflein kalter Herbststerne, und hinter dem Wall aus raschelndem Stroh war Fedots bedächtige, tiefe Stimme zu vernehmen:

»Ich war zwei Tage im Futterschuppen eingesperrt und konnte durch das kleine Fenster alles sehen … wie sie ihn aufgeschnitten haben. Aus allen Dörfern lief das Volk herbei, um den Ermordeten anzusehen und mich natürlich auch. Sie kamen direkt bis zum Schuppen …

Sie brachten zwei Bänke auf die Weide, stellten sie vor den Schuppen und legten den Ermordeten darauf. Unter den Kopf schoben sie ihm einen Klotz. Dann brachten sie noch einen Tisch und einen Stuhl für den Schlächter. Der kam, riß ihm das Hemd vom Leib, riß die Hosen herunter – da sehe ich den Leichnam liegen, nackt und schon ganz starr, an manchen Stellen grün, an manchen gelb, das Gesicht schon ganz wächsern, der rote Bart spärlich und abstehend. Auf die Geschlechtsteile legt der Schlächter ein Klettenblatt. Da sehe ich ein Fräulein mit dem Fahrrad kommen, unsere Lehrerin … ein häßliches spätes Mädchen, großer Kopf, kurze Haare, Zeitungen unter dem Arm, aber schön angezogen – vielleicht war sie irgendwo zu Besuch. Sie stand eine Weile auf der Schwelle, dann stapfte sie mit den Füßen durch den Dreck und fuhr weiter. Verwandte ließ man keine zu ihm. Dann stand da noch wie üblich eine Kiste mit allerlei Utensilien. Der Schlächter trat zu ihm, nahm die Haare von einem Ohr zum anderen auseinander, machte einen Schnitt und begann die beiden Hälften mit den Haaren dran zu säubern. Wo Haut dran war, schabte er sie mit einem kleinen Messer ab. Er riß die beiden Hälften auseinander und legte die eine auf die Nase. Da konnte man den ganzen Schädel sehen – wie ein Gefäß aus rohem Holz … Er hatte einen schwarzen Fleck neben dem rechten Ohr, verkrustetes schwarzes Blut – also da, wo der Schlag war. Der Schlächter sagt etwas zum Untersuchungsführer, und der schreibt: ›Drei Risse an dem und dem Schädelknochen.‹ … Dann fing er an, den Schädel rundum anzusägen. Die Säge schaffte es nicht, deshalb nahm er einen kleinen Hammer und einen Meißel und hämmerte mit dem Meißel an der Linie entlang, die er mit der Säge vorgezeichnet hatte, eine Naht. Der Schädel klappte zurück wie eine Schale, und man konnte das ganze Gehirn sehen. Er wieder zum Untersuchungsführer: ›Hirnhaut eingerissen‹ … Dann legte er das ganze Gehirn wieder rein, montierte die Schädeldecke an ihren Platz und schob die Hälften mit den Haaren wieder darüber. Dann vernähte er das Ganze und machte eine Narbe, wie es sich gehört …«

»Was machen die bloß, Räuber, Menschenschlächter!« krächzte der Alte im Halbschlaf.

Fedot fuhr mit fester Stimme fort:

»Dann zog er ein großes Messer heraus und begann, die Brust an den Knorpeln aufzuschneiden. Er schlug eine Ecke heraus, spreizte sie auseinander – es hat richtig geknackt … Da konnte man den ganzen Magen sehen, die blauen Lungen, die ganzen Eingeweide …«

Taub vom Klopfen seines eigenen Herzens erhob sich der Gymnasiast und richtete sich zu seiner vollen Länge auf, mit seiner Schirmmütze, die er in den Nakken geschoben hatte, in seinem leichten Mantel, der ihm längst zu kurz war. Grau, groß, furchterregend in seiner mongolischen Gelassenheit sprach Fedot mit der Pfeife im Mund bedächtig weiter, aber der Gymnasiast hörte ihm nicht mehr zu. Er starrte all diese so vertrauten und so fremden, unbegreiflichen Menschen an, die in dieser Nacht seine Seele von Grund auf verändert hatten. Kirjuschka, jämmerlich in seinem Laster und seiner Ergebenheit, in seiner Hirtenurtümlichkeit, schlief und hatte sich mit der Bauernjacke zugedeckt, unter der er sein dickes, am Knie gekrümmtes Bein in den weißen Fußlappen hervorgeschoben hatte. Mit düsterer, verächtlicher Miene schlief auch Iwan – Iwan, in dessen schwarzer Erdhütte in der Schlucht am Rand des kahlen Dorfes, in Finsternis und Dreck, unter der niedrigen Decke, unter einem Grasdach, schon das dritte Jahr seine schreckliche, schwarze alte Mutter im Sterben liegt und zu seinem Kummer nicht stirbt, während seine bissige, dürre Ehefrau an ihrer dunkelgelben, länglichen, ausgemergelten Brust ihr rotznasiges, helläugiges Kind mit dem blanken Bäuchlein und den von den unzähligen Fliegen in der Hütte blutig gebissenen Lippen stillt. Der glückliche Paschka in seiner Soldatenmütze, den schweren Stiefeln und dem neuen Halbpelz schlief in dem frischen Wind einen tiefen, gesunden Schlaf. Und der alte Chomut, der nicht einmal einen Halbpelz besaß – er hatte nur einen kragenlosen Bauernmantel mit einem großen Loch an der Schulter – und bei dem die abgewetzte Hose immer so tief auf den welken Lenden hing, saß mit dem Rücken zum Wind, ohne Mütze, nackt bis zum Gürtel. Greisenhaft mager, der Körper gelb, die Schultern schief hochgezogen, das gekrümmte, knochige Rückgrat im Sternenlicht glänzend, saß er da, hielt den großen, zottigen Kopf, den der kühle Wind zerzauste, gesenkt und den dünnen, über und über braun gefurchten Hals gebeugt; er untersuchte aufmerksam sein ausgezogenes Hemd, während er Fedot zuhörte und von Zeit zu Zeit mit den Fingernägeln den Kragen kräftig zusammendrückte.

Der Gymnasiast sprang hinunter auf die feste, glatte herbstliche Erde und ging mit gebeugtem Rücken rasch auf den dunklen, rauschenden Garten zu, nach Hause.

Auch die drei Hunde erhoben sich und liefen als weiß schimmernde Schatten seitwärts hinter ihm her, die Rute steil nach oben gebogen.

Die Kraft

Ein herbstlicher, dunstiger Regen fiel zur Dämmerung.

Auf dem herrschaftlichen Hof stand im Schlamm vor dem Gesindetrakt mit angelegten Ohren eine Don-Stute – dunkel vom Regen, mager, mit breitem Brustkorb, dünnem, langem Hals, abfallender Kruppe und hochgebundenem Schweif; sie war vor einen Wagen gespannt, bei dem der abgerundete, geflochtene Aufbau im Vergleich zu dem schweren Untergestell und den robust bereiften Rädern sehr klein war.

Der Kleinbürger Burawtschik, der mit diesem Wagen zum Starosta gekommen war, ihn aber nicht zu Hause angetroffen hatte und nun im Gesindetrakt hinter einem ausladenden Samowar aus Rotkupfer saß, war ein alter Mann von der Größe eines Knaben. Sein Schädel war kahl und gelb. Über den Ohren und im Nacken ringelten sich die noch verbliebenen schwarzen, drahtigen Haare. Auch sein Bärtchen ringelte sich. Der feuchte Schnurrbart, vom Tabakqualm verräuchert, kroch ihm in den gutmütigen, zahnlosen Mund. In dem dunklen, runzligen kleinen Gesicht blitzten unter zusammengezogenen Brauen lebhaft und munter zwei kaffeebraune Äuglein. Er hatte die Stirn krausgezogen und lächelte gleichzeitig, schlürfte von einer Untertasse heißes Wasser, lutschte dabei ein Stück Würfelzucker und nestelte in einem fort an seiner eingefallenen Brust und in den Taschen seines abgetragenen, an den Schulterblättern rötlich ausgebleichten, langschößigen Gehrocks.

Über dem Tisch brannte eine Hängelampe.

Burawtschik warf von Zeit zu Zeit einen Blick auf die Lampe – sie rußte – und redete in einem fort. Die schwangere Frau des Starosta, die auf einer Bank am Ofen saß, mit dem Fuß an einer Schnur wippte und so eine mit einem Kalikovorhang bedeckte und an ein kleines Zelt erinnernde Wiege schaukelte, hörte ihm nur mit halbem Ohr zu und hing unterdessen ihren eigenen Gedanken nach, wobei ihr vor Schläfrigkeit fast die Augen zufielen.

»Gleich sind sie richtig schön eingeweicht, dann nehme ich sie raus«, sagte Burawtschik mümmelnd, schlürfte Wasser von der Untertasse und deutete auf ein Glas, das bis obenhin voll mit aufgequollenen Brezelstückchen war. »Wenn sie schön weich sind, dann esse ich sie. So geht es nicht, ich kann sie ja nicht kauen. Womit auch.«

Burawtschik lachte und fuhr sich mit seinem dürren, tabakbraunen Finger in den Mund.

»Da! Sieh mal!« sagte er befriedigt. »Kei eissiga me ga«, sagte er – er hatte sagen wollen: »Kein einziger mehr da« – und glitt mit dem Finger über das nackte, rosarote Zahnfleisch.

»Wie kommt denn das?« fragte die Frau des Starosta gleichgültig, wobei sie mit Mühe die Lider hochzog und überlegte, daß dieses muntere alte Männchen in den abgelaufenen Stiefeln und dem verschossenen rosa Stehkragenhemd zwei Ehefrauen überlebt, sechs Söhne großgezogen und ein Landgut vor der Stadt gekauft und trotz allem seine früheren Gewohnheiten beibehalten hatte – er lebte wie ein Bettler, hatte einen kleinen Kramladen im Dorf, war ein Pferdedieb und würde wohl, wie es hieß, demnächst wieder ins Gefängnis wandern.

Burawtschik warf der Frau des Starosta einen wachsamen Blick zu und musterte ihr großes, schläfriges Gesicht.

»Wie das kommt?« versetzte er und rieb den Finger am Revers seines Gehrocks ab. »Jedenfalls überhaupt nicht so, wie du denkst. Überhaupt nicht. Man redet über mich, erzählt ungereimtes Zeug, als wäre ich schon tot, und selbst wenn es die Wahrheit wäre, der Mensch, Gnädigste, der es wagen würde, mich anzurühren, der ist noch nicht geboren. Nein, nein, Gott bewahre! Mich kriegt so schnell keiner zu fassen! Sechs Söhne habe ich, baumstarke Kerle, niemand im ganzen Dorf ist verwegener als sie, diese Teufel, aber schau dir an, wie ich sie erzogen habe: Sie parieren auf einen Blick von mir! Wenn du das Essen versalzen hast, ißt du es nicht mehr«, ließ er unvermittelt eine seiner Redensarten einfließen, deren Verbindung zum vorher Gesagten für die Gesprächspartner oftmals völlig im Dunkeln blieb. »Meine Zähne habe ich verloren, weil sie mir so weh taten und gute Menschen mir beibrachten, mir Vitriol in den Mund zu stecken. Aber hör zu, was für eine merkwürdige Geschichte über Zähne ich dir erzählen kann. Dein Angetrauter ist ohne Zweifel irgendwo hängengeblieben, also laß uns auf den lieben Freund warten und plaudern, damit uns die Zeit nicht lang wird …«

»Er hat versprochen, er wäre gegen Abend wieder da«, sagte die Frau des Starosta. »Aber bei dem Matsch …«

»Dann warten wir eben auf ihn«, versetzte Burawtschik, stellte die Untertasse auf den Tisch und langte in der Seitentasche nach dem Tabaksbeutel mit Machorka. »Dann warten wir eben auf ihn. Ja. Diese Geschichte geht also folgendermaßen …«

Bedächtig und mit Behagen begann er zu erzählen. Sein Schädel glänzte vor Schweiß, die Augenbrauen waren zusammengeschoben, die Augen blitzten und zeigten eine greisenhafte Lebensfrohheit. »Bestimmt stellen seine sauberen Söhne heute nacht etwas an«, dachte die Frau des Starosta. »Deshalb ist er auch weggefahren.« Burawtschik rollte sich eine Zigarette und begann zu erzählen:

»Die Kraft liegt nicht in den Zähnen, meine Gnädigste. Ein Rüde hat große Zähne, aber er ist dumm. Aber die Kraft liegt auch nicht im Bären. Bei uns in der Rus hat man die Kraft an der Brust … Aber hör besser zu. Es war einmal vor langer, langer Zeit, Gnädigste, daß wir mit unseren Fuhrwerken auf der Beljowsker Landstraße unterwegs waren. Man muß erwähnen, daß mein Bruder Jegor und ich zu der Zeit Hausierer waren, wir hatten uns zusammengetan und verdienten unser Geld durch allerlei Betrügereien, aber um ehrlich zu sein, wir litten gewaltig unter dem Regen und der Kälte. Und auch dieses Mal war es wie immer: Wir fuhren und fuhren, und so wahr mir Gott helfe, vom frühen Morgen bis zum Abend ging unaufhörlich Regen nieder. Er peitschte uns die ganze Zeit entgegen, als kriegte er es bezahlt, und brachte uns schließlich so weit, daß wir ohne lange zu überlegen in einen Wald einbogen, an dem wir gerade vorbeikamen, um die Hütte des Waldaufsehers zu suchen. Wir strengen uns an, kämpfen uns vor, über Stock und Stein, aber im Wald, verstehst du, hängen bläuliche Schwaden vom Regen, und von den Pferden steigt Dampf auf: Die Räder versinken im Schlamm und im Laub – kein Teufel wäre da durchgekommen! Endlich sind wir da ...«

Burawtschik nahm einen Schluck von der Untertasse und hielt inne. Im Flur war das Schlurfen auf dem feuchten Stroh von Bastschuhen zu hören. Jemand war an der Tür und tastete nach dem Griff.

»Da ist er anscheinend?« bemerkte die Frau des Starosta aufhorchend.

Auch Burawtschik spitzte die Ohren. Die Tür öffnete sich mit einem schmatzenden Laut und ließ für einen Augenblick schwarze Finsternis sehen, aber nicht der Starosta kam herein, sondern der Knecht Alexander, ein großer Bauer von etwa fünfzig Jahren, kahlköpfig, bärtig, klare graue Augen in seinem breiten, hellfarbigen Gesicht, mit einem Halbpelz und einem sauberen Hanfhemd angetan. Und wieder blitzten Burawtschiks Augen wachsam auf.

»Ich komme wegen deinem Pferd«, sagte Alexander, der aus irgendeinem Grund lächelte, und setzte sich auf die Bank. »Soll ich es ausspannen oder nicht?«

Burawtschik überlegte.

»Ach nein, warte noch«, erwiderte er mit geheuchelter Unbekümmertheit. »Vielleicht fahre ich ja noch. Schließlich habe ich keine Angst vor dem Regen. Wir sind Russen, Bruder, und können allerhand vertragen.«

»Das mußt du selbst wissen«, sagte Alexander und blickte zur Seite. »Ich bin freilich auch mehr deshalb gekommen, um dich anzuschauen: Was das wohl für einer ist, dieser Burawtschik, dachte ich mir. Ich hab schon allerhand von dir gehört: Burawtschik hier, Burawtschik da … Aber wer das eigentlich ist – keine Ahnung. Also dachte ich mir, ich gucke ihn mir mal an.«

»Du hast also schon allerhand von mir gehört?« fragte Burawtschik. »Na dann guck nur. Den Beinamen hab ich schon lange, ich habe gewissermaßen zwei Nachnamen, den einen für die Straße, den anderen fürs Grundbuch. Und wer bist du? Du siehst nicht eben aus wie ein Knecht.«

»Wohl wahr«, sagte Alexander. »Die Armut zwingt mich, mich auf meine alten Tage als Landarbeiter zu verdingen. Ich komme aus Panjutino, unser Dorf ist reich. Auch ich habe gut gelebt, war mein eigener Herr. Aber dann diese Geschichte: Zum dritten Mal hintereinander abgebrannt, alles in Schutt und Asche! Irgendwie habe ich es geschafft, der Sommer kam, ich fuhr das Getreide ein … Na, denke ich, dank sei Dir, o Herr … Aber nein: Wieder hieß es Sachen packen! Aufhängen könnte ich mich«, setzte er mit einem verlegenen Lächeln hinzu. »Zwei Kinderchen sind verbrannt …«

»Nein, so etwas!« rief Burawtschik mit geheucheltem Mitleid und Entsetzen. »Das ist kein Zuckerschlekken«, sagte er und schüttelte den Kopf. »Das ist kein Zuckerschlecken. Weiß Gott.«

Er schwieg eine Weile und wandte sich dann wieder an die Frau des Starosta.

»Also, wie gesagt: Wir waren in den Wald gefahren und kamen zur Hütte des Waldaufsehers. Wir stellen die Pferde auf dem Hof ab, gehen in die Hütte und verlangen Tee. Der Waldhüter, mußt du wissen, stellte sich als Witwer heraus, ein uralter Mann, wie ich meiner Lebtag noch nie einen gesehen habe: ein richtiger Orutan! Mein Bruder Jegor hat sich sogar ein bißchen erschrokken. Er sieht mich an und sagt in der Bi-Sprache, damit der Waldhüter uns nicht versteht: ›Brubider, debir Mabinn ibist eibin Tibier. Debir bribingt ubins ubim.‹ Das hieß: ›Bruder, der Mann ist ein Tier. Der bringt uns um …‹ Der Waldhüter sah tatsächlich aus wie ein Tier: Das Hemd schlottert ihm um die Knie und ist mit Bast gegürtet, an den Füßen riesige Bastschuhe, Arme, so lang wie Eichenwurzeln … Kurz gesagt, ein wilder Mann von unbeschreiblicher Kraft.«

»Dieser Orutan wohnt im Tiergarten«, warf Alexander ein. »Ich habe ihn in der Stadt gesehen.«

»Ja, genau so einer war das«, bestätigte Burawtschik. »Aber auch in Bauernkaten gibt es sie in großer Zahl ... Ja ... Und weißt du, er geht ganz krumm, ächzt und stöhnt die ganze Zeit und guckt auf die Erde ...«

»Und die Schläfen sicher grau und so zottig, daß kein Kamm damit fertig wird, wie bei einem guten Rüden«, warf Alexander wieder ein.

»Stimmt auch«, sagte Burawtschik. »Du bist ja ein ganz Aufgeweckter, mein Bester. Aber wie man so sagt, wenn du bei den Wilden bist, nimm dir ein Beispiel an ihnen, wenn dir einer mit dem Stecken kommt, komm du ihm mit dem Knüppel ... Ja ... Wir sagen also zu dem Waldhüter: ›Trink doch einen Tee mit uns, sei so gut.‹ ›Einverstanden‹, sagt er. ›Danke.‹ Wieder so griesgrämig, und vor allem nuschelt er so. Er setzt sich an den Tisch, wir gießen ihm Tee ein – natürlich eine ordentliche Kelle voll und nicht nur eine kleine Tasse –, und er bröckelt genau wie ich jetzt Brotrinde in seinen Tee und läßt sie aufweichen. Was hat denn das zu bedeuten, denken wir uns. ›Großvater‹, sagen wir, ›hast du etwa keine Zähne mehr? So eine imposante Gestalt und keine Zähne: Was steckt denn da dahinter?‹ Er hatte uns ganz offensichtlich verstanden und beugte den Kopf noch tiefer. Erst sagte er lange gar nichts, aber dann hat er uns Dummköpfen zur Belehrung seine Geschichte erzählt.«

»Hat er sich etwa auch die Zähne ausgeätzt?« erkundigte sich die Frau des Starosta aus Höflichkeit.

Burawtschik zündete sich die Zigarette an, hustete und haspelte munter weiter:

»Nein, nein, darin besteht ja gerade die Fabel, daß es nicht so war. Er hat für eine Sünde gebüßt, für seine Überheblichkeit. Aber hör zu.«

Und er verfiel wieder in seinen bedächtigen Tonfall:

»Er, dieser Waldhüter, weißt du, hat uns geradeheraus gesagt: ›Meine Belehrung besteht eben darin, daß der Herr mich für eine schwere Sünde gestraft hat, für meine Dummheit. Und so, ihr jungen Leute, bereue ich jetzt vor aller Welt. Seht ihr, was ich für Zahnfleisch habe? Seht her‹«, Burawtschik spielte den Waldhüter und fuhr wieder mit dem Finger in den Mund, »›kein einziger mehr da. Und warum – weil ich einen Menschen umbringen wollte und mich auf meine tumbe Kraft verlassen habe. Vor ungefähr siebzig Jahren kam ein Soldat aus Polen zu mir: Er war unterwegs zum Heimaturlaub und bat um ein Nachtquartier. Und wahrhaftiger Gott, dieser Soldat war nicht mehr als zwei Arschin groß, und Kraft hatte er nicht einmal für zwei Läuse …‹«

»Dem Aussehen nach also«, sagte Alexander, um zu beweisen, daß er begriffen hatte, worauf der Waldhüter mit seiner Belehrung hinauswollte. »Auf den ersten Blick, heißt das … Also ungefähr so wie du«, setzte er mit gutmütigem Spott hinzu.

»Richtig, ganz genau!« bekräftigte Burawtschik und sah mit blitzenden Augen zu ihm hinüber. »Ein unansehnlicher Kerl war er ... Und dann, verstehst du, fing er an, vor dem Waldhüter mit seinem Geld anzugeben. ›Er setzt sich an den Tisch‹, erzählte der Waldhüter, ›löffelt meine Suppe, steckt ein Pfeifchen an, schnallt seinen Tornister ab, zieht das Geld daraus hervor und fängt an zu zählen. Und er hatte einen ganzen Haufen davon: lauter Hunderter, stapelweise zusammengelegt und mit Schnüren über Kreuz gebündelt. Ich hab noch mehr, sagt er, ich hab noch einen Lederbeutel hinter dem Gürtel versteckt, voller Gold. Als ich mir diesen Reichtum ansah, wurde mir ganz schwarz vor Augen vor lauter Habsucht, Arme und Beine wollten mir nicht mehr gehorchen, die Hose schlotterte. Der Soldat zählt sein Geld, stopft es wieder zurück in den Tornister und sagt: Na, Onkelchen, Zeit für den Ofen! Ich hab nur irgendwas gebrummt und mit den Zähnen geklappert, damals waren meine Zähne so, daß ich damit eine Tischplatte hätte durchbeißen können. Jedenfalls klettert der Soldat auf den Ofen, ich lösche den Kienspan, taste unter der Bank nach der Axt, lege mich hin und warte und denke: Ich hau ihm mit dem Axtrücken eins über den Schädel, und dann ist es aus mit dieser Zieselratte!‹«

»Aber die Zieselratte war dann wohl doch schlauer«, warf Alexander ein und ließ durchblicken, daß er auch den Ausgang der Fabel schon vorausahnte.

»›Über kurz oder lang jedenfalls‹«, fuhr Burawtschik fort, »›höre ich, der Soldat ist still. Na, denke ich, Dank sei dir, o Herr, im Schlafen stirbt sich's leichter, bestimmt hat er selbst jemanden im Schlaf umgebracht, woher sollte er sonst einen solchen Haufen Geld haben? Ich schleiche mit meiner Axt zum Ofen – die wog sicher mehr als ein Pud –, stelle mich fest auf das Trittbrett, drehe die Axt um, taste nach seinem geschorenen Kopf, hole aus – und rumms! ... Alles was recht ist, sage ich mir, da bleibt bloß ein nasser Fleck übrig! ... Und was meint ihr wohl, Kinder?‹«

Burawtschik stockte und hielt die Untertasse mit aufgerissenen Augen ein Stück von sich weg.

»›Was meint ihr wohl?‹ fragte der Waldhüter. ›Der Soldat wird wach, zieht die Nase hoch und ruft in aller Ruhe nach mir: Meister, he, Meister! Was ist denn bei dir los? Gibt es vielleicht Schaben hier? Mir ist da gerade eine rie-si-ge Schabe auf den Kopf gefallen. ... Nicht schlecht, was – meine Axt eine Schabe? Ich werde kreidebleich, als ich das höre, falle von meinem Trittbrett herunter, bin ganz still und gebe keinen Mucks von mir! Ich warte auf die nächste Gelegenheit ...‹«

»Das heißt doch, dieser Soldat muß einen bestimmten Ausdruck gekannt haben«, bemerkte die Frau des Starosta, verschränkte die Arme unter den Brüsten und hörte auf, mit dem Fuß zu schlenkern.

Alexander grinste freundlich und schüttelte nur seinen rosaroten Glatzkopf. Burawtschik hingegen sprang auf, richtete die blakende Lampe, setzte sich wieder, sperrte seinen zahnlosen Mund auf und krähte mit kindlicher Überheblichkeit und Freude:

»Pah! Ausdruck! Kein Ausdruck gleicht dem anderen, aber das ging ja wohl nicht mit rechten Dingen zu!

Hör zu, was glaubst du, wie es weitergeht, dreimal darfst du raten! Mein Waldhüter gab keine Ruhe und kletterte wieder auf den Ofen. ›Ich taste nach dem Scheitel des Soldaten‹, erzählte er, ›drehe die Axt mit der Klinge nach vorn und versetze ihm mit aller Macht einen Schlag über den Schädel. Ich schlage zu und warte, aber der Soldat richtet sich auf und fängt lauthals an zu lachen. Also wirklich, Meister, ausschlafen kann man sich bei dir nicht. Du hast Teufel im Haus, ganz ohne Zweifel: Bestimmt haben die Zimmerleute Schweineborsten unter den Tragbalken gelegt und dir damit scharenweise Teufel ins Haus geschleppt. Eben hat mir einer von denen mit einer Gerte auf die Stirn geklatscht. Das juckt richtig. … Was sollte ich machen? Ich kroch vom Ofen weg und hörte, der Soldat war aufgestanden und zog sich die Stiefel an. Meister, he Meister, sagt er, es wird bald hell, ich muß los, komm mit, führ mich aus dem Wald heraus. Na, denke ich, umso besser, da kann ich ihn im Wald umlegen, das ist sogar günstiger für mich – da mache ich mir nicht die Hütte schmutzig. Ich springe auf und tue, als wäre ich ganz verschlafen: Was? Mitkommen? Na, von mir aus, gehen wir … Ich ziehe die Jacke an, aber ich zittere am ganzen Leib und treffe das Armloch einfach nicht und versuche zwischendurch auch noch, mir den Stock zu angeln: Damals hatte ich einen ordentlichen Knüppel in der Ecke stehen, gute drei Pud schwer. Der Soldat wäscht sich unterdessen – und lacht! Er nimmt einen Schluck Wasser aus dem Krug, spuckt es in die Hände, beugt sich vor, wäscht sich das Gesicht und lacht lautstark ... Ein richtiger Teufel! Schließlich gehen wir raus und machen uns auf den Weg ... Mir Dummkopf hätte schon längst klar sein müssen, daß meine Kraft es nicht aufnehmen kann mit seinem Soldatenverstand, aber ich laufe hinter ihm her und starre auf seinen kahlgeschorenen Nacken. Er vorneweg, sein kalbsledener Tornister größer als er selber, und ich folge ihm auf Schritt und Tritt wie ein Bär. Ich sehe, es klart oben langsam auf, der Regen verzieht sich allmählich, und im Wald wird es heller. Ich warte, bis wir an der Böschung des Hohlwegs sind, da steht eine abgebrannte Kiefer, die ist nicht zu übersehen, dann hebe ich meinen Stecken und lasse ihn mit Wucht auf den Soldatennacken niedergehen. Aber dem Soldaten ...‹«

Burawtschik warf einen kurzen Blick auf den vornüberfallenden Kopf der Frau des Starosta und heftete seine freudig glänzenden Augen auf Alexander:

»›Aber dem Soldaten sackte nur kurz das Kinn auf die Brust, er griff an seine Mütze, rückte sie gerade, drehte sich scheinbar baß erstaunt um und sagte ganz barsch und deutlich: Ach so, das ist der Hausgeist, der sich in deiner Hütte eingenistet hat! Ver-ste-he! Dem muß man offenbar eine kleine Lehre erteilen. ... Er lehnt gemächlich sein Berdan-Gewehr gegen die Kiefer und krempelt die Ärmel hoch ... So, nun sperr den Mund auf, sagt er. Ich lasse meinen Knüppel fallen vor Schreck und weiß nicht, wie mir geschieht. Aber ich sperre den Mund auf. Nein, sagt er, weiter, weiter, kein

Grund, dich zu zieren! Ich reiße also den Mund auf, so weit es geht. Da packt der Soldat mich mit den Fingern an einem Zahn, klemmt ihn ein wie mit einer Eisenzange, zieht ihn aus dem Mund und legt ihn sich in die Hand. Dann zieht er auf die gleiche Art und Weise einen zweiten und einen dritten und einen vierten …‹«

Auch Alexanders helle Augen blickten jetzt ganz aufmerksam. Burawtschik ergötzte sich an Alexanders gespannter Erwartung, stützte die Hände auf die Knie, spreizte forsch die Ellbogen ab und führte seine Erzählung klar und deutlich zu Ende:

»›Er nahm mir ohne weiteres alle Zähne heraus, bis zum letzten, holte ein Stück Bast aus der Tasche und sagte: Nimm den Saum hoch. Ich nehme den Mantelsaum und halte ihn hin. Der Soldat schüttet die ganze Handvoll Zähne in den Saum, rollt ihn ein und bindet ihn ganz akkurat mit dem Bast zusammen. Das hier, sagt er, ist ein Andenken für dich, du Bastschuh-Bauer, und das hier ist zum Gedenken an mich … Dabei holt er einen Hunderter heraus und gibt ihn mir!‹«

»Nicht übel«, bemerkte Alexander und schüttelte lächelnd den Kopf.

Burawtschik wollte sich ausschütten vor Lachen.

»Es sei jedem gegönnt!« rief er aus. »Du weißt ja, Honig ist süß, aber man kann nicht zwei Löffel in den Mund stecken. Das Geld hat er zwar bekommen, aber die Zähne waren futsch. ›Ich hab das Geld genommen‹, sagte er, ›aber sagen konnte ich nichts: Als ich anfangen wollte zu sprechen, konnte ich bloß den Kiefer bewegen, weil es so ungewohnt war. O-a, a-a – mehr kam nicht heraus. Eigentlich wollte ich sagen: Soldat …‹«

Burawtschik zog lachend die Augenbrauen in die Höhe, machte eine klägliche Grimasse und fuhr wieder mit dem Finger in den Mund.

»›Eigentlich wollte ich sagen‹, schreit er lachend und gleichzeitig fast weinend mit dünner Stimme, ›eigentlich wollte ich sagen: Soldat, aber heraus kommt nur: scho-a-at …‹«

Wasser und Brezelstückchen von der Untertasse schlürfend, wiegte er noch lange den Kopf, runzelte die Stirn, lachte und wiederholte seine letzten Worte. Die Frau des Starosta hatte die Hände in den Schoß gelegt und schlief tief und fest. Die kleine Lampe blakte, und die Schaben nutzten das Dämmerlicht und rannten auf den alten Balkenwänden herum. An den schwarzen Fensterscheiben glitzerten Regentropfen.

»Ich verstehe deine Fabel«, sagte Alexander schließlich.

»Die Kraft liegt folglich nicht im Bären«, erklärte Burawtschik.

»So ist es«, bestätigte Alexander. »Wir hatten mal einen ähnlichen Fall. Ich habe es selbst erlebt. Es wird wohl, Gott helfe mir, daß ich nicht lüge, so vor fünfzehn Jahren gewesen sein. Bei uns in Panjutino gab es einen Burschen, der war etwas schwach im Kopf und wurde Burlyga genannt. Weil er nicht deutlich sprechen konnte: Ihm fehlten nämlich vorne zwei Zähne – eine Stute hatte sie ihm rausgeschlagen. Was er auch sagte, alles hörte sich an wie Bur-bur. Deswegen wurde er auch Burlyga genannt. Der Bursche war, wie gesagt, etwas schwach im Kopf und konnte nicht richtig sprechen, aber sonst war er genau wie dein Waldhüter, ein langer, kräftiger Kerl, der reinste Henker. Konnte man vom Aussehen her jedenfalls meinen. Wie auch immer, bei uns im Dorf wurde Jahrmarkt gehalten. Seine Saufkumpane hatten sich versammelt, und sie saßen alle zusammen auf dem Weideplatz. Wodka und allerlei zu essen hatten sie natürlich auch dabei. Irgendwie kamen sie, so wie wir jetzt, auf die Kraft zu sprechen, und er, natürlich betrunken – im nüchternen Zustand hätte er das vielleicht gar nicht gesagt –, fängt an: ›Bur-bur, ich habe keine Angst vor niemandem‹, sagt er, ›und es gibt überhaupt keinen Gott‹ ...«

»Na, das war aber schön dumm«, sagte Burawtschik zerstreut, der nach dem Lachen seufzend ausatmete, sich eine neue Zigarette drehte und an etwas anderes dachte. »Das war schön dumm.«

»Natürlich war es das«, bekräftigte Alexander. »Es wunderten sich auch alle über ihn. Wenn sie dir dafür nur nicht den Kopf waschen, Bursche! Aber er stand auf, mischte sich unter das Volk, entdeckte seine Angebetete und machte ihr ein Zeichen. Sie kommt her. Und er wird in ihrer Gegenwart noch übermütiger. Die Augen trübe, der Halbpelz offen, die feuchten Schnurrbartsträhnen kriechen ihm in den zahnlosen Mund. Da sieht er auf einem Wagen ein altes Männlein sitzen, der mit Schaufeln handelt. In der Nähe des Wagens ist ein

Wallach angebunden, die Schaufeln sind auf dem Boden ausgelegt, und im Wagen liegt ein großer weißer Hammel, auch zu verkaufen. Die Stirn und die Lenden sind anilinrot markiert. Kräftige Hörner, ein dicker Schwanz. Und der Alte selbst ist leicht wie eine Feder, hat einen grauen Steppmantel an, ein weißes Käppi aus einfachem Leinen und Hanfschuhe wie ein Toter. Er hockt auf der Seitenstange des Wagens und ißt einen Kalatsch. Und mein Bursche in seiner Dummheit spielt den Herrn, macht Zicken und rückt ihm auf die Pelle ...«

»Er ahnt sein eigen Unheil nicht«, warf Burawtschik ein, im selben Tonfall, in dem Alexander seine Bemerkungen in Burawtschiks Erzählung eingeworfen hatte.

»Ja, er ahnt sein eigen Unheil nicht«, wiederholte Alexander. »›Jetzt gehe ich hin‹, sagt er, ›und hau ihm seine ganze Ausrüstung kurz und klein und brech dem Hammel den Schwanz.‹ Seine angemalte Liebste benimmt sich genauso unmöglich, spielt sich auf, nötigt ihn. Und er schwankt hin und her, tut so, als ob er stockbetrunken wäre! ›Red mir bloß nicht rein, um Christi willen! Ich bitte dich, laß mich in Ruhe, sonst richte ich noch Schlimmeres an. Gegen meine Kraft‹, sagt er, ›kann kein Recke im ganzen Staat etwas ausrichten.‹ Er geht also zu dem alten Mann. ›Bur-bur, gib mir einen Kalatsch‹, sagt er. Der Alte holt einen frischen Kalatsch vom Wagen und hält ihn hin, Burlyga nimmt ihn und hat dabei schon den Hammel im Visier, will ihn an den Hörnern packen und ihm den Schwanz brechen. Aber der Alte sah sich das in aller Ruhe an, kletterte von der Seitenstange herunter, hob eine Schaufel auf und holte aus, daß es nur so pfiff … Er hatte auf den Burschen gezielt, aber er traf den Wallach in die Flanke – auf dem ganzen Jahrmarkt war es zu hören! Der Wallach stürmte davon, zerbrach eine ganze Menge Schaufeln, wieherte dumpf und krepierte, und wie – rotes Wasser lief aus den Nüstern. Da kam natürlich das Volk herbeigelaufen, der Alte mischte sich unter die Menge und war wie vom Erdboden verschluckt. Spurlos verschwunden. Der Wallach ist tot zusammengebrochen, liegt da, und der Hammel hockt im Wagen und glotzt Burlyga an …«

»Na, aber der Alte«, unterbrach Burawtschik zerstreut, »wo konnte er denn sein?«

Alexander überlegte.

»Weiß der Teufel«, sagte er. »Das heißt, er kannte einen bestimmten Ausdruck. Das heißt, er hatte sich auch mit dem Satan eingelassen … wie dein Soldat oder wie du.«

»Ich?« rief Burawtschik mit geheucheltem Erstaunen, und seine Augen blitzten vor Genugtuung. »Bist du verrückt? Was habe ich denn damit zu tun?«

»Ach, hör auf!« sagte Alexander freundlich und bedauernd. »Wir haben schließlich von dir gehört. Du bist klein, aber oho, Bruder. Du bist mir gerade der Rechte …! Zäher als jede Katze, oder sagen wir Natter. Wenn dir einer mit dem Stecken kommt, kommst du ihm mit dem Knüppel … Überleg doch mal: Was bist du im Vergleich zu mir? Eine Laus! Ich kann dich zwischen zwei Fingern zerquetschen. Aber wie soll ich Dummkopf mit dir fertig werden? Wenn du willst, bleibt kein Blutstropfen mehr in mir, saugst du mich aus bis zum letzten Rest. Ich zum Beispiel kann am Tag zwei halbe Desjatinen pflügen … Und ich habe mein Leben lang genug gepflügt, man würde es jedem wünschen. Aber was habe ich erreicht? Nur das Kreuz am Hals, das ist alles. Und du wirtschaftest mit Tausenden … Nein, wie kann das sein!« sagte er mit unerklärlicher Begeisterung. »Ich bin deinen Fingernagel nicht wert!«

Burawtschik schwieg mit einem rätselhaften, zufriedenen Lächeln. Dann stand er seufzend auf, drehte sich zur Wand, zog an der Kette der Uhr, die dort hing, und stieß das Pendel an. Tote, vertrocknete Fliegen, die den Sommer über die Uhr verstopft und sie angehalten hatten, rieselten heraus, und durch die Kate hallte ein gemessener, schläfriger Schlag, der mit dem Rauschen des Regens auf dem Dach verschmolz.

Alexander blickte nachdenklich zu Boden, beide Hände auf die Bank gestemmt.

Burawtschik kippte den Samowar nach vorn und goß sich tropfenweise die letzte Tasse ein.

Ein gutes Leben

Mein Leben war ein gutes Leben, ich habe alles erreicht, was ich mir gewünscht habe. Ich verfüge über unbeweglichen Besitz – mein Alter hat nämlich gleich nach der Hochzeit das Haus auf mich überschrieben –, ich halte Pferde und zwei Kühe, und einen Handel haben wir auch. Das ist natürlich kein richtiges Geschäft, sondern, wie man so sagt, einfach ein Kaufladen, aber für unsere Vorstadt ganz annehmbar. Mir ist immer alles gelungen, aber ich habe ja auch einen zielstrebigen Charakter.

Was die Arbeit angeht, so hat mir mein Väterchen allerlei beigebracht. Zwar war er verwitwet und ein Trinker, aber er war genau wie ich furchtbar gescheit, tüchtig und herzlos. Als damals die Freiheit kam, hat er zu mir gesagt:

»So, Mädchen, jetzt bin ich mein eigener Herr, jetzt wollen wir sehen, daß wir zu Geld kommen. Dann ziehen wir in die Stadt und kaufen uns ein eigenes Haus, und ich verheirate dich mit einem feinen Herrn und hab das Sagen. Bei unserer Herrschaft haben wir nichts mehr verloren, die sind es nicht wert.«

Das stimmte, die Herrschaften waren zwar gutmütig, aber arm wie die Kirchenmäuse, geradezu Bettler. Wir zogen also fort von ihnen in ein anderes Dorf und verkauften das Haus, das Vieh und was wir an Gerätschaften hatten. Wir zogen in die Nähe der Stadt, in das Dorf Tschermaschnoje, und pachteten einen Acker mit Kohl von der Gutsbesitzerin Meschtscherina. Sie war mal Hofdame am Zarenpalast gewesen, häßlich und pockennarbig und hatte schon ganz graue Haare, sie war ein spätes Mädchen – niemand hatte sie heiraten wollen – und lebte friedlich für sich allein. Wir pachteten also einen Acker von ihr und ließen uns, wie es sich für uns gehörte, in einer Hütte nieder. Die Kälte, der Herbst – das kümmerte uns wenig. Wir sitzen da, rechnen uns einen ordentlichen Gewinn aus und wittern kein Unheil. Aber plötzlich ist das Unheil da, und was für eines! Unsere Sache stand kurz vor dem Abschluß, es war ja auch schon einige Zeit vergangen, und mit einem Mal – helle Aufregung. Morgens hatten wir unseren Tee getrunken – es war Feiertag –, und ich stehe neben unserer Hütte und sehe über die Wiese das Volk aus der Kirche kommen. Mein Vater war auf dem Kohlfeld. Es war ein heller Tag, bloß ein bißchen windig, und wie ich so vor mich hingucke, bemerke ich gar nicht, wie plötzlich zwei Männer auf mich zukommen: Der eine ist ein Geistlicher, so ein großer in einer grauen Kutte, mit einem Stock, das Gesicht ganz dunkel, erdfahl, eine Mähne wie ein gutes Pferd, pechschwarz und im Wind gebauscht, und der andere ist ein einfacher Bauer, sein Knecht. Sie kommen direkt auf unsere Hütte zu. Ich kriege es mit der Angst zu tun, verbeuge mich und sage:

»Guten Tag, Vater. Ergebensten Dank, daß Sie vorhaben, uns aufzusuchen.«

Er ist wütend und schlecht gelaunt und sieht mich nicht einmal an, steht bloß da und schlägt mit seinem Stock auf die Buckel im Boden ein.

»Wo ist denn dein Vater?« fragt er.

»Der ist auf dem Kohlfeld«, sage ich. »Ich kann ihn rufen, wenn es beliebt. Aber da kommt er ja schon.«

»Na dann sag ihm, er soll seinen ganzen Kram und seinen lausigen Samowar nehmen und von hier verschwinden. Heute noch kommt mein Wächter hierher.«

»Wie«, sage ich, »der Wächter? Wir haben der Gutsherrin doch schon Geld gegeben, neunzig Rubel. Wie kann das sein, Vater?« (Ich war zwar noch jung, aber mit so etwas kannte ich mich schon aus.) »Sie wollen uns wohl nur aufziehen?« sage ich. »Sie müssen uns doch ein Papier vorweisen.«

»Nichts da!« ruft er. »Die Gutsherrin zieht in die Stadt, ich habe ihr diese Felder abgekauft, das Land ist jetzt mein Eigentum.«

Er fuchtelt mit dem Stock herum und schlägt damit auf den Boden – wenn man nicht aufpaßt, hat man ihn unversehens im Gesicht.

Mein Väterchen kriegt die ganze Geschichte mit, kommt angerannt – er war ein fürchterlicher Hitzkopf! – und fragt:

»Was ist denn das für ein Radau? Wieso schreien Sie sie so an, Vater, und wissen selbst nicht recht, warum? Sie können doch nicht einfach mit dem Stock herumfuchteln, Sie müssen uns ohne Umschweife erklären, nach welchem Recht der Kohl nun plötzlich Ihrer ist? Wir sind arme Leute, wir gehen vor Gericht. Sie sind eine geistliche Person, Sie können doch keine Feindschaft hegen, wegen so etwas darf Ihresgleichen die heiligen Sakramente nicht mehr anrühren!«

Mein Vater hatte ihm, wenn man's recht nimmt, kein einziges freches Wort gesagt, aber er, obwohl er doch ein Seelenhirte war, geriet in Rage wie ein ganz gewöhnlicher, ungebildeter Bauer, als er das hörte – er wurde kreidebleich, konnte kein Wort mehr herausbringen, und ihm zitterten die Beine unter der Kutte. Er fing an zu kreischen und stürzte sich auf Väterchen, um ihm eins überzuziehen! Aber der wich ihm aus, packte den Stock, riß ihn dem Geistlichen aus der Hand und – zack – zerbrach ihn über dem Knie! Der andere wollte ihn wieder an sich reißen, aber Väterchen knickte ihn in zwei Hälften, warf sie weit von sich und schrie:

»Kommen Sie bloß nicht näher, um Gottes willen, Euer Ehrwürden! Sie sind schwarz und gerissen, aber ich bin noch gerissener als Sie.«

Und schon hat er ihn bei den Armen gepackt!

Einen Prozeß gab es, und Väterchen wurde wegen dieser Sache in die Verbannung geschickt. Ich war nun ganz allein auf der großen, weiten Welt und dachte mir: Was soll ich jetzt nur machen? Mit der Wahrheit, das hatte ich gesehen, kommt man nicht weit, man muß mit Bedacht vorgehen. Ein Jahr ließ ich mir Zeit, wohnte bei meiner Tante, aber dann war mir klar – ich weiß nicht wohin und muß schnellstens heiraten. Mein Väterchen hatte einen guten Bekannten in der Stadt, einen Sattler, der hielt um mich an. Nicht daß er ein ansehnlicher Bräutigam war, aber immerhin vorteilhaft. Es gab freilich einen Mann, der mir gefiel, sehr sogar, aber der war auch arm, genau wie ich, und lebte selbst bei fremden Leuten, dieser hingegen war immerhin sein eigener Herr. An Aussteuer besaß ich keine Kopeke, und da, sieh an, nimmt mich einer, ohne alles, wie hätte ich so eine Gelegenheit verstreichen lassen können? Ich überlegte hin und her und heiratete ihn schließlich, auch wenn ich natürlich wußte, daß er schon älter war, daß er trank und jähzornig war – schlicht und ergreifend: ein Halunke … Ich heiratete ihn und war jetzt keine einfache Jungfer mehr, sondern Nastassja Semjonowna Schochowa, eine Kleinbürgerin aus der Stadt … Das war natürlich schmeichelhaft für mich.

Mit diesem Mann habe ich mich neun Jahre lang herumgeplagt. Zwar gehörten wir zum Kleinbürgerstand, aber eine Armut, daß wir von Bauern nicht zu unterscheiden waren! Und dann die Streitereien, der Krach, tagein, tagaus. Na ja, Gott hatte Erbarmen mit mir und nahm ihn zu sich. Die Kinder von ihm sind alle gestorben, nur zwei Jungen blieben übrig, der eine war Wanja, fast neun, der andere war noch ein Säugling. Er war ein schrecklich fröhliches, kräftiges Kerlchen, konnte mit zehn Monaten laufen und sprechen – sie waren alle so, meine Kinder, im elften Monat fingen sie an zu laufen und zu sprechen –, er trank schon selber Tee, und manchmal klammerte er sich mit beiden Händchen so an der Untertasse fest, daß man sie ihm einfach nicht wegnehmen konnte ... Aber auch der Junge ist gestorben, er war noch kein Jahr alt. Eines Tages, als ich vom Fluß nach Hause komme, sagt die Schwester meines Mannes – wir beide hatten zusammen eine Wohnung gemietet – zu mir:

»Dein Kostja hat heute den ganzen Tag geschrien und sich hin und her gewälzt. Ich hab ihm allerlei vorgemacht, mit den Armen gefuchtelt, mit den Fingern geschnipst und ihm gesüßtes Wasser gegeben, aber er hat immer nur gewürgt, und das Wasser lief ihm zur Nase wieder heraus. Entweder hat er sich erkältet, oder er hat irgendwas gegessen, schließlich stecken die Kinder alles in den Mund, eh man sich's versieht.«

Ich war starr vor Schreck. Dann stürzte ich zur Wiege, schlug den Vorhang zurück, aber er lag schon im Fieber: Nicht einmal mehr schreien konnte er. Die Schwägerin rannte nach einem Feldscher, den wir kannten, er kam und fragte: »Was habt ihr ihm zu essen gegeben?«

»Er hat nur Grießbrei gegessen, weiter nichts.«

»Hat er nicht vielleicht mit irgendetwas gespielt?«

»Doch, das hat er«, sagt die Schwägerin. »Hier lag immer so ein kleiner Kupferring vom Kummet, damit hat er gespielt.«

»Na«, sagt der Feldscher, »dann hat er den bestimmt verschluckt. Die Hände sollen euch verdorren! Da habt ihr etwas angerichtet, er stirbt euch doch!«

Natürlich kam es dann auch so. Keine zwei Stunden vergingen, da war es zu Ende mit ihm. Wir drehten und wanden uns, aber es war nichts zu machen – offenbar kam man gegen Gott nicht an. So begrub ich auch diesen, und Wanja blieb als einziger übrig. Aber auch ein Einziger ist einer, wie man so sagt. Auch wenn der Mensch noch nicht groß ist, so ißt und trinkt er nicht weniger als ein Erwachsener. Ich ging Fußböden wischen zu Militäroberst Nikulin. Das waren Leute mit einem schönen Vermögen, sie hatten eine Wohnung gemietet und bezahlten dreißig Rubel im Monat dafür. Sie selbst wohnten in der oberen Etage, unten war die Küche. Ihre Köchin war ein übles Weib, mürrisch und liederlich. Natürlich wurde sie schwanger. Sich bücken und die Böden wischen konnte sie nicht mehr, einen Kochtopf aus dem Ofen ziehen auch nicht … Als sie ging, um ihr Kind zur Welt zu bringen, schnappte ich mir ihre Stelle: Ich machte mich geschickt Liebkind bei der Herrschaft. Freilich war ich schon von jung auf geschickt und schlau, was immer ich anfing, alles habe ich sauber und ordentlich gemacht, besser als jeder Kellner, und ich wußte zu gefallen: Was die Herrschaft auch sagen mochte, ich gab immer: »Jawohl!« zur Antwort, »Ja sofort!« oder auch: »Die reinste Wahrheit sagen Sie!« Ich stehe bei Tagesanbruch auf, fege die Böden, heize den Ofen an und mache den Samowar sauber – bis die Herrschaften erwachen, habe ich schon alles fertig. Nun ja, und ich selber war natürlich immer reinlich und ordentlich, ein bißchen dünn zwar, aber ich sah hübsch aus. Mitunter tat ich mir sogar selbst leid: Warum nur mußte ich meine Schönheit und meinen Stand an diese schmutzige Arbeit verschwenden?

Ich dachte mir: Wenn sich eine Gelegenheit ergibt, dann packe ich sie beim Schopf. Die Gelegenheit ergab sich, weil der Oberst, ein furchtbar kräftiger Kerl, mich nicht in Ruhe ansehen konnte, und die Oberstengattin, eine Deutsche, war dick und krank und gute zehn Jahre älter als er. Er war unansehnlich, schwerfällig, kurzbeinig und sah aus wie ein Eber, aber sie war noch schlimmer. Ich bemerke also, daß er anfängt, mir den Hof zu machen, er hockt bei mir in der Küche und bringt mir das Rauchen bei. Sobald die Frau aus dem Haus ist, kommt er an. Er scheucht seinen Burschen in die Stadt, angeblich, um etwas zu besorgen, und sitzt bei mir. Ich habe ihn über wie sonstwas, aber natürlich tue ich so als ob: Ich lache, sitze da und wippe mit dem Fuß – heize ihm also auf jede Art und Weise ein … Was sollte ich machen – ich war arm, und in der Not, wie man so sagt, frißt der Teufel Fliegen. Einmal, es war an einem Zarentag, kommt er in die Küche, in voller Uniform, mit Epauletten, seinen weißen Gürtel umgeschnallt wie einen Faßreifen, Glacéhandschuhe in den Händen, der Hals steif, zugeknöpft und schon ganz blau, riecht nach Parfüm, die Augen blitzen, der Schnurrbart schwarz und dick … Er kommt also herein und sagt:

»Ich gehe jetzt mit der gnädigen Frau in die Kathedrale, reib mir doch eben mal die Stiefel ab, es ist schlimm mit diesem Staub, kaum geht man einmal über den Hof, ist man ganz zugestaubt.«

Er stellt seinen Fuß in dem Lackstiefel auf die Bank wie auf einen Prellstein, ich beuge mich vor und will ihn abreiben, da packt er mich am Hals, reißt mir sogar das Tuch herunter, grapscht mir an die Brust und will mich schon hinter den Ofen zerren. Ich wehre mich, so gut es geht, komme aber einfach nicht los von ihm, und in ihm wallt die Hitze auf, das Blut steigt ihm zu Kopf, er müht sich ab, mich irgendwie zu überwältigen, mich am Gesicht zu packen zu kriegen und zu küssen.

»Was machen Sie denn da!« rufe ich. »Gleich kommt die Gnädige, so gehen Sie doch, um Christi willen!«

»Wenn du mich ein bißchen lieb hast«, sagt er, »soll es dein Schaden nicht sein!«

»Bestimmt«, sage ich, »diese Versprechungen kennen wir!«

»Ich will auf der Stelle sterben, ohne Bedauern!«

Und noch so allerlei in der Art natürlich. Ehrlich gesagt, hatte ich damals nicht die geringste Ahnung von solchen Dingen. Wie leicht hätte ich mich von seinen Worten blenden lassen können, aber Gott sei Dank wurde nichts daraus. Einmal hatte er mich wieder irgendwie zur Unzeit zu packen gekriegt, ich riß mich los, war ganz zerzaust und in Rage, und plötzlich ist da die Gnädige: Sie kommt von oben herunter, herausstaffiert, gelb und dick wie eine Tote, ächzt und raschelt mit ihrem Kleid über die Treppe. Ich hatte mich losgerissen, stehe da ohne Tuch, und sie steuert geradewegs auf uns zu. Er an ihr vorbei, nimmt Reißaus, und ich stehe da wie eine dumme Gans und weiß nicht, was ich machen soll. Sie blieb einfach vor mir stehen und hielt ihren seidenen Rocksaum gerafft – ich weiß es noch wie heute, sie hatte sich so herausstaffiert, weil sie zu Besuch gehen wollte, ein braunes Seidenkleid, weiße, fingerlose Handschuhe, ein Sonnenschirm und ein kleiner Hut, so eine Art Körbchen –, sie stand also da, ächzte nur und ging dann hinaus. Vorwürfe hat sie uns freilich keine gemacht, ihm nicht und mir auch nicht. Aber als der Oberst nach Kiew fuhr, hat sie mich davongejagt.

Ich packte meine Sachen und ging wieder zu meiner Schwägerin (Wanja lebte damals bei ihr). Ich verließ also die Stelle und dachte mir wieder: Was nützt mir mein Verstand, ich kann mir nichts erwirtschaften, kann nicht anständig heiraten und kann kein eigenes Geschäft haben, Gott hat mich im Stich gelassen! Ich will mich ordentlich anstrengen, denke ich, noch einmal alles versuchen – auch wenn es mich meine letzten Kräfte kostet, aber ich werde es schaffen, ich werde mein eigenes Kapital haben! Ich überlegte hin und her, gab dann Wanja zum Schneider in die Lehre, suchte mir selbst eine Anstellung als Zimmermädchen beim Kaufmann Samochwalow und blieb ganze sieben Jahre lang in seinen Diensten … Und damit kam ich auf die Beine.

Mein Lohn wurde bei zweieinviertel Rubel festgelegt. Es gab zwei Dienstboten – mich und ein anderes Mädchen, Vera. Einen Tag bediene ich bei Tisch und sie wäscht das Geschirr ab, den anderen Tag wasche ich ab und sie serviert. Man kann nicht behaupten, daß es eine große Familie gewesen wäre: der Hausherr, Matwej Iwanytsch, die Herrin, Ljubow Iwanna, zwei erwachsene Töchter, zwei Söhne. Der Hausherr war ein ernsthafter, schweigsamer Mann, unter der Woche war er nie zu Hause und feiertags saß er bei sich oben, las allerlei Zeitungen und rauchte Zigarre, und die Herrin war eine einfache, gutmütige Frau, auch aus dem Kleinbürgerstand, so wie ich. Ihre beiden Töchter, Anja und Klascha, haben sie kurz darauf verheiratet, zwei Hochzeiten richteten sie in einem Jahr aus – beide wurden mit Offizieren vermählt. Zu der Zeit fing ich, ehrlich gesagt, auch an, mir etwas zurückzulegen: Die Offiziere gaben immer sehr großzügig Trinkgeld. Du brauchst nur irgendeine Kleinigkeit für sie zu erledigen – Streichhölzer reichen, den Mantel und die Galoschen holen –, und sieh da, zwanzig oder dreißig Kopeken ... Aber wir waren auch immer sehr adrett und gefielen den Offizieren. Vera freilich machte immer wer weiß was für ein Aufhebens von sich, sie spielte das Fräulein, trippelte umher, tat zart und empfindlich bis zum Gehtnichtmehr, bei der kleinsten Gelegenheit schob sie ihre buschigen Brauen zusammen, die kirschroten Lippen zitterten, und schon hingen Tränen an den Wimpern – wirklich schöne Wimpern, so lange hatte ich überhaupt noch nie gesehen! –, aber ich war klüger als sie. Ich zog oft nur ein schlichtes Mieder an, mit Zwickel und Einsatz und kurzen Ärmeln, den Zopf auf dem Kopf hochgesteckt und mit einem schwarzen Samtband umwunden, dazu eine gestärkte weiße Schürze – so war ich richtig interessant anzusehen. Vera schnürte sich immer in ein Korsett ein – so eng, daß sie kaum noch Luft bekam, und dann tat ihr der Kopf weh bis zum Erbrechen –, aber ich kannte so etwas gar nicht und war auch so sehr ansehnlich … Als die Offiziere wegblieben, fingen die Söhne der Herrschaft an, mir etwas zu geben.

Der Ältere war wohl schon so um die zwanzig, als ich die Stelle antrat, und der Jüngere stand im vierzehnten Jahr. Dieser Junge war ein lahmer Krüppel. Ständig brach er sich einen Arm oder ein Bein, wie oft hab ich das mit angesehen. Kaum hat er sich was gebrochen, kommt sofort der Doktor und verbindet ihn mit allerlei Watte und Mullbinden, gießt dann so eine Art Kalk darüber, das mit dem Mull zusammen trocknet und wie eine Schiene wird, und wenn der Bruch geheilt ist, schneidet der Doktor es auf und nimmt es ab – und siehe da, der Arm ist wieder zusammengewachsen. Gehen konnte er ja nicht, er kroch auf dem Hinterteil umher. Manchmal auch über Sofas und über Schwellen und Treppen – richtig fix war er. Selbst über den ganzen Hof und in den Garten konnte er kriechen. Er hatte einen großen, plumpen Kopf, ähnlich wie sein Vater, die Schläfenhaare waren drahtig und rötlich wie Hundefell, das Gesicht breit und alt. Er aß nämlich schrecklich viel: Wurst und Schokoladenbomben, Kringel und Blätterteiggebäck – alles, was sein Herz begehrte. Aber die Ärmchen und Beinchen dünn wie ein Schaf, immer wieder gebrochen und voller Narben. Lange Zeit zogen sie ihm nichts weiter an, nähten ihm lange Hemden, in verschiedenen Farben, Dunkelblau oder Rosa. Lesen und Schreiben brachte ihm eine Lehrerin aus der geistlichen Schule bei, die kam zu uns ins Haus. Er hat prächtig gelernt, ein schlauer Kopf war er! Und wie er auf der Harmonika gespielt hat – das hätte ihm ein Gesunder erst mal nachmachen sollen! Er spielte und sang dazu. Eine kräftige, mitreißende Stimme. Wenn er ein Lied anstimmte, dann richtig: »Ein Mönch bin ich, schön anzusehen …« Dieses Lied sang er oft.

Der ältere Sohn war gesund, aber ein ziemlicher Trottel, er taugte zu nichts. Sie schickten ihn zum Lernen in verschiedene Schulen, aber er wurde überall wieder rausgeworfen und hat nichts gelernt. Kaum wurde es Nacht, war er verschwunden – und dann blieb er weg bis zum Morgengrauen. Allerdings hatte er Angst vor seiner Mutter, deshalb kam er auf gar keinen Fall durch den Haupteingang rein. Wenn ich abends fertig bin, warte ich ab, und wenn dann die Herrschaft schläft, schleiche ich mich durch die Zimmer in sein Kabinett, mach das Fenster auf und gehe wieder zurück an meinen Platz. Er zieht sich draußen die Stiefel aus und zwängt sich in Strümpfen durch das Fenster, kein Mucks ist zu hören. Am anderen Morgen steht er auf, als wäre er nie weg gewesen, und drückt mir heimlich in die Hand, was mir zusteht. Mir macht es nichts, es ist ja keine Mühe, und das Geld nehme ich sehr gerne! Wenn er sich den Hals bricht, ist das seine Sache … Und dann ergab sich auch durch den Jüngeren, durch Nikanor Matweitsch, eine Einnahmequelle.

Damals versuchte ich Tag und Nacht, mein Ziel zu erreichen. Ich hatte mir nun einmal in den Kopf gesetzt, unbedingt für mich selbst zu sorgen und einen guten Mann zu heiraten, und allmählich faßte ich Fuß in diesem Leben. Ich hütete jede Kopeke: Geld kriegt schließlich Flügel, wenn man es aus der Hand gibt! Diese Vera trieb ich aus dem Haus – wir hatten ehrlich gesagt auch gar keine Verwendung für sie, deshalb habe ich auch der Herrschaft erklärt: »Ich komme schon allein zurecht. Geben Sie mir besser ein bißchen mehr.« Also war ich allein und konnte nach Belieben schalten und walten. Meinen Lohn rühre ich erst gar nicht an: Wenn zwanzig oder fünfundzwanzig Rubel zusammengekommen sind, bitte ich die Herrin gleich, zur Bank zu fahren und sie in meinem Namen einzuzahlen. Das Kleid, die Schuhe – alles kommt von der Herrschaft, wofür soll ich etwas ausgeben? Die einzige Ausgabe war für das Grabmal von meinem Mann, dafür bezahlte ich zwei Rubel sieben Griwna, damit die Leute nicht schlecht von mir dachten. Und da verliebte sich zu meinem Glück und zu seinem Unglück dieser, Gott möge mir vergeben, dieser Krüppel in mich …

Heutzutage überlege ich natürlich oft: Vielleicht hat mich seinetwegen der Herr mit meinem Sohn gestraft! Das geht mir so manches Mal nicht mehr aus dem Kopf – ich erzähle gleich, was er angerichtet hat –, aber man muß auch bedenken, daß es schon sehr bitter war: Manchmal, wenn ich ihn so ansehe mit seinem riesigen Kopf, dann steigt der Ärger in mir auf! »Verflucht sollst du sein, du Sonntagskind! Bist bloß ein Krüppel, aber lebst in Saus und Braus! Und meiner ist zwar hübsch, aber er ißt und trinkt am Feiertag nicht solche Sachen wie du unter der Woche so nebenbei.« Aber allmählich ging mir auf – er hat sich scheint's in mich verliebt: Er läßt kein Auge mehr von meinem Gesicht. Damals war er schon um die sechzehn, er hatte angefangen, weite Hosen zu tragen und sein Hemd zu gürten, und ihm sproß schon langsam ein roter Schnurrbart. Und häßlich war er, Sommersprossen, grüne Augen – Gott verschone mich! Ein breites Gesicht, aber hager wie ein Knochen. Erst hatte er sich anscheinend in den Kopf gesetzt, er könnte mir gefallen – er putzte sich heraus, kaufte Sonnenblumenkerne, und hin und wieder stimmte er auf der Harmonika ein flottes Lied an – es war eine Freude, ihm zuzuhören. Er spielte wirklich gut. Aber dann merkte er, daß das alles zu nichts führte – und er wurde still und nachdenklich. Einmal stehe ich auf der Galerie und sehe, wie er mit seiner neuen deutschen Harmonika über den Hof gerutscht kommt, er ist wieder rasiert und gekämmt, trägt ein blaues Hemd mit einem schrägen, hohen Kragen und drei Knöpfen, hat den Kopf in den Nacken gelegt und hält Ausschau nach mir. Er guckt, guckt noch mal, schmachtende, verhangene Blicke, und stimmt eine Polka an:

Komm, komm, laß uns zwei
Eine Polka tanzen gehn,
Denn beim Tanz bin ich so frei,
Meine Liebe zu gestehn …

Und ich, als hätte ich ihn nicht bemerkt, kippe die Spülschüssel über ihm aus! Kaum habe ich das gemacht, kann ich mich aber nicht darüber freuen, sondern bin ordentlich erschrocken: Jetzt werde ich was abkriegen! Aber er kommt angekrochen, quält sich die Treppe hoch, wischt sich mit der einen Hand das Gesicht ab und schleppt mit der anderen die Harmonika hinter sich her, die Augen niedergeschlagen, kreidebleich, und sagt einfach nur mit zitternder Stimme:

»Die Hände sollen Ihnen verdorren. Sie haben sich versündigt, Nastja.«

Mehr nicht … Wirklich ein friedfertiger Mensch.

Er wurde damals immer dünner, zugucken konnte man, und der Doktor sagte schon, es sei bald vorbei mit ihm, er würde an der Schwindsucht sterben. Manchmal ekelte es mich schon, ihn nur zu berühren. Aber wenn man arm ist, darf man sich nicht ekeln, mit Geld ist alles möglich, und so begann er, mich zu bestechen. Wenn nach dem Mittagessen alle schlafen, ruft er mich gleich zu sich – entweder in den Garten oder in seine Kammer. (Er wohnte unten, getrennt von den anderen, die Kammer war groß und warm, aber trostlos, alle Fenster zum Hof, niedrige Decken, die Tapeten alt und braun.)

»Setz dich ein bißchen her zu mir«, sagte er dann. »Ich geb dir auch Geld dafür. Ich will nichts von dir, ich habe mich einfach in dich verliebt und möchte bei dir sein: Wenn ich alleine bin, fällt mir die Decke auf den Kopf.«

Na ja, ich nehme das Geld und setze mich manchmal eine Weile zu ihm. Und spare mir auf diese Art und Weise gut fünzig Rubel zusammen. Auf der Bank hatte ich von meinem Lohn und den Prozenten auch schon vierhundert beisammen. Also, denke ich mir, es wird Zeit, daß du allmählich dem Geschirr entkommst. Ehrlich gesagt tat es mir leid, ich hätte gern noch ein oder zwei Jährchen gewartet, noch ein bißchen gespart, aber die Hauptsache war – er hatte mir verraten, daß er eine geheime Spardose besaß, ungefähr zweihundert Rubel Kleingeld von seiner Mutter: Natürlich, er war oft krank, lag dann allein in seinem Bett, da hat ihm eben die Mutter manchmal etwas zugesteckt. Hin und wieder dachte ich mir: Herr, vergib mir meine Sünde, aber er würde besser mir das Geld geben! Er braucht es sowieso nicht, er stirbt ja bald, aber ich könnte damit eine Ewigkeit zurechtkommen. Also hieß es abwarten, wie sich die Sache am gescheitesten angehen ließ. Ich bin natürlich jetzt freundlicher zu ihm, sitze häufiger bei ihm. Mitunter, wenn ich in seine Kammer gehe, schaue ich mich noch absichtlich um, als würde ich heimlich kommen, dann mache ich die Tür zu und flüstere:

»So, endlich konnte ich weg, nun kommen Sie, wir wollen ein wenig zusammensitzen wie ein Pärchen.«

Ich tue also so, als hätten wir ein Stelldichein verabredet, als wäre ich schüchtern und froh, daß ich mich endlich freimachen und mit ihm zusammen sein kann. Dann stelle ich mich niedergeschlagen und nachdenklich. Er fragt andauernd:

»Nastja, warum bist du so traurig?«

»Ich habe ja auch allen Grund dazu!« sage ich.

Dabei seufze ich, dann bin ich still und stütze die Wange in die Hand.

»Was hast du denn für Sorgen?« fragt er.

»Arme Leute haben immer genug Sorgen, aber wen kümmert das schon! Ich will Sie mit diesem Gerede nicht langweilen.«

Er kam schnell dahinter. Schlau war er, das sage ich ja, nicht schlechter als ein Gesunder. Einmal kam ich zu ihm – es war, das weiß ich noch, in der vierten Woche der Großen Fasten, ein trübes, feuchtes Nebelwetter, im Haus schliefen nach dem Essen alle –, ich hatte eine Handarbeit mitgebracht – ich nähte mir gerade etwas –, setzte mich ans Bett und wollte schon wieder seufzen und niedergeschlagen tun und ihn damit sachte in die richtige Richtung lenken, als er von selbst davon anfing. Ich sehe ihn immer noch vor mir, er liegt da in einem neuen, noch nicht gewaschenen rosa Hemd und einer weiten blauen Hose, neue Stiefelchen mit einem Schaft aus Lackleder, die Beinchen über Kreuz gelegt, und sieht mich schräg von der Seite her an. Weite Ärmel, die Hose noch weiter, aber Beine und Arme streichholzdünn, der Kopf schwer und groß und er selbst klein –

kein schöner Anblick. Wenn man ihn ansieht, denkt man, ein Junge, aber sein Gesicht ist alt und doch irgendwie jugendlich – vom Rasieren –, dazu ein buschiger Schnurrbart. (Er rasierte sich fast jeden Tag, so kräftig sproß ihm der Bart, die ganzen Arme waren voller Sommersprossen und dicht bedeckt mit roten Haaren.) Er liegt also da mit zur Seite gekämmten Haaren, hat sich zur Wand gedreht, bohrt in der Tapete und sagt plötzlich:

»Nastja!«

Ich bin richtig zusammengezuckt.

»Was ist denn, Nikanor Matweitsch?«

Mir klopft das Herz bis zum Hals.

»Weißt du, wo meine Spardose liegt?«

»Nein«, sage ich, »das kann ich gar nicht wissen, Nikanor Matweitsch. Ich habe Ihnen nie etwas Schlechtes gewollt.«

»Steh auf, zieh die untere Schublade im Kleiderschrank heraus, nimm die alte Harmonika, da liegt sie drin. Gib sie her.«

»Wozu das denn?«

»Einfach so. Ich will das Geld zählen.«

Ich fasse in die Schublade und öffne den Deckel der Harmonika, und da ist ein Blechelefant in den Balg gestopft, ordentlich schwer, das spüre ich. Ich hole ihn heraus und gebe ihn weiter. Er nimmt ihn, klimpert damit herum, legt ihn neben sich – das reinste Kind, wahrhaftig! – und überlegt irgendwas. Er schweigt eine ganze Weile, dann grinst er und sagt:

»Nastja, ich habe heute etwas Schönes geträumt, ich bin sogar vor Tagesanbruch wach geworden davon und war den ganzen Vormittag über guter Dinge. Sieh nur, ich habe mich sogar rasiert und herausgeputzt für dich.«

»Aber Sie laufen doch immer ordentlich herum, Nikanor Matweitsch.«

Vor lauter Aufregung begreife ich selber nicht, was ich da rede.

»Nun ja«, sagt er, »herumlaufen werde ich wohl erst im Jenseits. Und was für ein schöner Mann ich dort sein werde, das kannst du dir gar nicht vorstellen!«

Er tat mir richtig leid.

»Es ist eine Sünde«, sage ich, »sich darüber lustig zu machen, Nikanor Matweitsch, ich verstehe gar nicht, warum Sie so etwas sagen. Vielleicht, wenn Gott will, werden Sie ja noch gesund. Erzählen Sie mir besser, was Sie geträumt haben.«

Er macht wieder allerlei Ausflüchte und Sprüche – »Ich bin sowieso nicht mehr lange auf der Erde« –, fängt dann völlig zusammenhanglos an, von unserer Kuh zu reden – »Sag du um Gottes willen der Mama, sie soll sie verkaufen, ich halte es nicht mehr aus, ich kann sie nicht mehr sehen, ich liege auf meinem Bett und sehe dauernd über den Hof zu dem Schuppen hinüber, in dem sie steht, und sie glotzt durch das Gitter zurück«; dabei klimpert er ununterbrochen mit dem Geld und blickt mir nicht in die Augen. Ich höre ihm zu, begreife aber auch nur die Hälfte – wie zwei Irre faseln wir, was uns gerade einfällt, kommen vom Hölzchen aufs Stöckchen –, bis ich es schießlich nicht mehr aushalte – jeden Moment, überlege ich, werden die anderen wach und wollen Tee haben, und dann ist meine Sache verloren! –, und ich unterbreche ihn hastig und verlege mich auf einen Trick:

»Aber nicht doch«, sage ich. »Erzählen Sie lieber von Ihrem Traum! *Haben Sie etwas von uns geträumt?*«

Ich wollte ihm natürlich etwas Nettes sagen und hatte damit ins Schwarze getroffen – er wurde kreidebleich und senkte den Blick. Plötzlich nimmt er die Spardose, holt aus seiner weiten Hose den Schlüssel, will sie aufschließen und schafft es nicht, er trifft einfach das Schlüsselloch nicht, so sehr zittern seine Hände, und als er sie endlich aufbekommt, kippt er sie über seinem Bauch aus – ich weiß es noch wie heute, es waren zwei Reichsschatzbillette zu je fünfzig Rubel und acht Goldstücke –, klaubt das Geld mit der Hand zusammen und flüstert auf einmal:

»Kannst du mich ein einziges Mal küssen?«

Meine Arme, meine Beine sind vor Schreck ganz taub geworden. Er ist jetzt völlig aus dem Häuschen, wispert und reckt sich zu mir hin:

»Nastjetschka, nur ein einziges Mal! Gott ist mein Zeuge, nie wieder sage ich ein Wort, nie wieder bitte ich dich darum!«

Ich sah mich um – na, dachte ich, wennschon dennschon! – und küßte ihn. Er rang nach Atem, packte mich am Hals, erwischte meine Lippen und ließ etwa eine Minute nicht ab von mir. Dann steckte er mir das ganze Geld in die Hand und drehte sich zur Wand:

»Geh«, sagte er.

Ich stürzte davon und lief gleich in meine Kammer. Das Geld schloß ich weg, dann nahm ich eine Zitrone und rieb mir die Lippen damit ab. Ich rieb so lange, bis sie ganz blaß waren. Ich war in großer Sorge, ich könnte mir von ihm die Schwindsucht geholt haben …

Na schön, diese Sache ist Gott sei Dank überstanden, jetzt nehme ich die andere, wichtigere Sache in Angriff, die mir mehr Sorgen macht. Es gibt Ärger, das spüre ich, und ich befürchte, sie werden mich nicht gehen lassen, jetzt wird er mir mit Liebe kommen, denke ich, und mir das Geld vorhalten … Nein, sieh an, nichts davon. Er stellt keine Ansprüche, benimmt sich wie früher, ganz so, als wäre nichts gewesen zwischen uns, ist eher noch zurückhaltender und ruft mich nicht mehr in seine Kammer: Er hält also Wort. Daraufhin spreche ich die Herrschaft an: »Ich muß mich jetzt mal ein bißchen um meinen Sohn kümmern, mir eine Zeitlang frei nehmen.« Die Herrschaft will nichts davon hören. Und er erst recht nicht. Einmal habe ich ihm eine Anspielung gemacht, da ist er direkt ganz blaß geworden. Dreht sich zur Wand und sagt mit einem spöttischen Grinsen:

»Du hast gar kein Recht, das zu tun. Du hast mich verführt, mich an dich gewöhnt. Du mußt noch warten – ich sterbe bald. Aber wenn du gehst, hänge ich mich auf.«

Von wegen keine Ansprüche! Ach, denke ich, so eine Unverschämtheit! Schließlich habe ich mich deinetwegen überwunden, und da willst du mir drohen? Na warte, da bist du aber an die Falsche geraten! Nun suchte ich nur noch mehr nach einem Grund. Da bekam die Herrin gerade zur rechten Zeit noch ein Kind, ein Mädchen, und stellte eine Amme ein – das nahm ich als Vorwand und sagte, mit der könnte ich nicht leben. Sie war wirklich ein boshaftes, unbeherrschtes Weib, selbst die Herrin hatte Angst vor ihr, trinken tat sie auch, sie hatte immer einen halben Stoph Wodka unter dem Bett, und neben sich konnte sie einfach niemanden ertragen. Sie fing an, mich zu verleumden, Zwietracht zu säen. Mal habe ich die Wäsche nicht gut gebügelt, mal kann ich bei Tisch nicht richtig servieren … Wenn man ihr ein Wort sagt, fängt sie an zu zittern und läuft davon, um sich zu beschweren. Sie schluchzt lauthals, aber das ist natürlich mehr Heuchelei als Gekränktheit. Es wurde immer schlimmer, also sage ich zur Herrschaft:

»So und so, lassen Sie mich gehen, die Alte verleidet mir das Leben, ich tu mir sonst noch was an.«

Ich hatte da allerdings schon ein Haus auf der Gluchaja-Straße ins Auge gefaßt. Die Herrin bekam das mit und wollte mich nicht zwingen zu bleiben. Beim Abschied bat sie mich freilich inständig, ich sollte doch wieder bei ihr arbeiten oder wenigstens immer zu den Feiertagen und den Namenstagen kommen:

»Du mußt dann unbedingt kommen«, sagt sie, »und immer alles aufräumen und herrichten. Nur wenn du das machst, bin ich beruhigt. Du bist für mich inzwischen wie eine Verwandte.«

Sie schenkt mir Brot und Salz zum Abschied – da hatte sie wohl einen schwachen Moment –, eine große weiße Semmel hat sie mir gebacken, und eine ganze Dose Zucker gibt sie dazu. Ich bedanke mich artig, aber schließlich sind wir nicht verheiratet, und so behalte ich meine Gedanken für mich. Ich versprach ihr alles, was sie hören wollte, verbeugte mich tief – und weg war ich. Mit Gottes Segen ging es sofort ans Werk. Ich kaufte das Haus und machte eine Schenke auf. Das Geschäft lief richtig gut, wenn ich abends den Erlös zählte, waren dreißig oder vierzig, mitunter fünfundvierzig in der Kasse, und so beschloß ich, noch einen Laden aufzumachen, damit eins zum anderen käme. Meine Schwägerin war schon lange mit einem Pförtner vom Roten Kreuz verheiratet, der nannte mich immer Gevatterin und kam gut aus mit mir, zu dem ging ich und lieh mir eine Kleinigkeit für verschiedenerlei Anschaffungen und für die Lizenz – und dann fing ich meinen Handel an. Damals war Wanja gerade fertig mit seiner Lehre. Ich holte mir Rat bei klugen Leuten, wo ich ihn wohl unterbringen könnte.

»Wozu denn das«, sagen sie, »wo du doch zu Hause Arbeit in Hülle und Fülle hast?«

Auch wieder wahr. Also setze ich Wanja in den Laden, und ich selbst stelle mich in die Schenke. Da kam Schwung in die Sache! Natürlich dachte ich darüber gar nicht mehr an all die Dummheiten, obwohl, um die

Wahrheit zu sagen, der Krüppel war sogar bettlägerig geworden, als ich wegging. Er sagte zu niemandem ein Sterbenswörtchen, aber er war todkrank, dachte nicht einmal mehr an seine Harmonika. Plötzlich steht mir nichts, dir nichts die Polkanicha auf dem Hof, die Amme. (Die kleinen Jungen riefen sie immer Polkanicha.) Sie kommt an und sagt:

»Ein gewisser Mann läßt dir einen Gruß ausrichten, du sollst ihn unbedingt besuchen kommen.«

Mir wurde ganz heiß vor lauter Wut und Scham! So ein sauberes Bürschchen, denke ich. Was bildet der sich bloß ein? Daß er eine kleine Freundin gefunden hat? Ich konnte nicht an mich halten und sagte:

»Ich brauche seinen Gruß nicht, er sollte besser daran denken, daß er ein Krüppel ist, und du alter Teufel, schäm dich, mit dem Kuppeln anzufangen. Hast du gehört?«

Das hat ihr die Sprache verschlagen. Sie steht krumm da, sieht mich aus ihren verquollenen Augen finster an und schüttelt bloß ihren Kohlkopf. Von der Hitze oder vom Wodka ist sie völlig benebelt.

»Du herzloses Ding!« sagt sie. »Er hat sogar geweint wegen dir. Gestern hat er den ganzen Abend dagelegen, den Kopf zur Wand gedreht, und laut geweint.«

»Ja und?« sage ich. »Soll ich etwa auch die Schleusen öffnen? Schämt er sich denn gar nicht, dieser Rotgefiederte, in aller Öffentlichkeit zu heulen? Schau an, ein richtiges Kind. Ist er überhaupt schon abgestillt?«

Ich wies der Alten ohne viel Federlesens die Tür

und ging nicht hin. Anderthalb Monate später hat er sich dann tatsächlich aufgehängt. Da tat es mir natürlich sehr leid, daß ich nicht hingegangen bin, aber damals war es mir eben nicht darum, ihn zu besuchen. Ich hatte zu Hause mehr als genug Ärger.

Zwei Kammern in meinem Haus hatte ich vermietet, die eine an den Stadtpolizisten von der Polizeiwache, einen ausgezeichneten, ernsten, ordentlichen Mann mit Namen Tschaikin, und in die andere zog ein Prostituierten-Fräulein ein. So eine Hellblonde, Junge, hübsch anzusehen. Sie hieß Fenja. Der Unternehmer Cholin kam sie immer besuchen, sie wurde von ihm ausgehalten, und darauf hatte ich mich verlassen, als ich sie einziehen ließ. Aber dann kam es plötzlich zu Unstimmigkeiten zwischen den beiden, und er ließ sie sitzen. Was sollte ich machen? Sie konnte nicht zahlen, und wegjagen konnte ich sie auch nicht – acht Rubel war sie mir schuldig.

»Sie müssen eben frei erwerbstätig sein, Fräulein«, sage ich. »Ich führe hier kein Pilgerhaus.«

»Ich gebe mir Mühe«, sagt sie.

»Von Ihrer Mühe ist nicht viel zu sehen. Anstatt sich Mühe zu geben, sitzen Sie jeden Abend nur zu Hause herum. Auf Tschaikin brauchen Sie sich erst gar keine Hoffnung zu machen.«

»Ich gebe mir Mühe. Da regt sich ja mein Gewissen, wenn ich Sie so höre.«

»Ach sieh an«, sage ich. »Was für ein Gewissen bitte schön?«

Von wegen, ich gebe mir Mühe – davon war nichts zu erkennen. Sie schwirrte immerzu um Tschaikin herum, aber der wollte nichts von ihr wissen. Und auf einmal fällt mir auf, daß sie mit meinem Sohn schäkert. Immer wenn ich hingucke, ist er in ihrer Nähe. Plötzlich will er sich einen neuen Rock nähen.

»Nichts da«, sage ich, »damit wartest du noch ein bißchen! Ich ziehe dich so schon an wie einen jungen Herrn: Stiefel hier, eine Schirmmütze da. Ich selber spare mir alles vom Mund ab, drehe jede Kopeke um, und dich staffiere ich heraus.«

»Ich sehe ja auch gut aus«, sagt er.

»Du bist wohl verrückt – soll ich vielleicht mein Haus verkaufen, damit du gut aussiehst?«

Mir fällt auf, daß das Geschäft schlechter läuft. Fehlbeträge in der Kasse, Verluste. Ich setze mich hin, will Tee trinken – aber er schmeckt mir nicht mehr. Ich fange an, sie zu beobachten. Ich sitze in der Schenke und lausche – ich lehne mich gegen die Wand, bin ganz still und lausche. Ich höre sie reden, ununterbrochen, tagein, tagaus … Ich sage ihm die Meinung.

»Was geht Sie das überhaupt an?« fragt er. »Vielleicht will ich sie heiraten.«

»Das wird ja immer schöner – die eigene Mutter soll so etwas nichts angehen? Ich merke schon lange, was du vorhast, aber daraus wird im Leben nichts.«

»Sie liebt mich wie verrückt, Sie können sie ja gar nicht verstehen, so zart und schüchtern wie sie ist.«

»Schöne Liebe«, sage ich, »von so einem schamlosen Luder! Sie macht dich Dummkopf doch zum Gespött. Die Schlampe hat die ganzen Beine voller Wunden.«

Er ist wie erstarrt, guckt vor sich hin und schweigt. Na, dank sei dir, o Herr, überlege ich, das hat gewirkt. Und trotzdem habe ich mich zu Tode erschrocken: Soviel ist klar, verknallt hat er sich, das Bürschchen. Jetzt heißt es so schnell wie möglich kurzen Prozeß mit ihr machen. Ich frage den Gevatter und Tschaikin um Rat: »Sagt mir doch, was soll ich mit ihnen machen?« »Na was schon«, sagen sie, »nimm die Frau und setz sie vor die Tür, fertig aus.« Wir haben uns dann etwas ausgedacht: Ich tat so, als würde ich zu Besuch gehen. Ich ging eine Weile spazieren und kam gegen sechs Uhr, als Tschaikins Schicht begann, still und heimlich nach Hause zurück. Ich rüttle an der Tür – natürlich verschlossen. Ich klopfe – keine Antwort. Ich klopfe ein zweites Mal, ein drittes – immer noch niemand. Unterdessen steht Tschaikin schon hinter der Ecke. Ich hämmere jetzt gegen die Fenster, daß die Scheiben klirren. Plötzlich ein Klappern – der Türriegel: Wanja. Kreideweiß. Ich stoße ihn mit voller Wucht gegen die Schulter und gehe schnurstracks in die Kammer. Da ist das reinste Gelage: leere Bierflaschen, ein leichter Tischwein, Sardinen, ein großer Hering, ausgenommen und rosa wie Bernstein – alles aus dem Laden. Fenja sitzt auf einem Stuhl, ein hellblaues Band im Zopf. Als sie mich sieht, springt sie auf – und plumpst sofort wieder auf den Stuhl! Sie starrt mich an und kriegt vor Schreck ganz blaue Lippen. (Sie glaubt, ich würde über sie herfallen und sie schlagen.) Ich hantiere in einem fort mit meinem Umschlagtuch, und obwohl ich kaum noch Luft bekomme, frage ich einfach nur:

»Was ist denn bei euch los – Verlobung vielleicht? Oder hat wer Geburtstag? Wollt ihr mich nicht willkommen heißen, mir nicht etwas anbieten?«

Schweigen.

»Warum sagt ihr denn nichts?«, frage ich. »Warum sagst du nichts, mein Sohn? Du bist mir ein rechter Hausherr, Bürschchen! Dahin verflüchtigt sich also mein sauer verdientes Geld!«

Er widersprach empört:

»Ich bin schließlich alt genug!«

»Ach so«, sage ich, »und was ist mit mir? Soll ich mir vielleicht, nur weil du Mitleid hast mit dieser Schlampe, eine Hütte mieten? Mein eigenes Haus verlassen? Na? Eine Schlange habe ich an meinem Busen genährt!«

Wie er mich da angebrüllt hat!

»Sie dürfen sie nicht beleidigen! Sie waren selbst auch mal jung, Sie müssen doch verstehen, was Liebe ist!«

Kaum hört Tschaikin das Geschrei, ist er auch schon da: Er springt herbei, packt Wanja, ohne ein Wort zu sagen, bei den Schultern und schiebt ihn in die Rumpelkammer, ein Schloß davor und fertig. (Er war ein furchtbar starker Mann, ein richtiger Heiducke!) Er schließt ab und sagt zu Fenja:

»Sie sind als Fräulein registriert, aber ich kann Ihnen auch ein ganz anderes Billett ausstellen!« (Er meinte ein Wolfsbillett.)

»Wollen Sie das vielleicht? Heute am Tag noch wird das Zimmer geräumt, und dann will ich dich hier nie wieder sehen!«

Sie war in Tränen aufgelöst. Ich gab noch mehr Zunder:

»Daß sie mir ja vorher das Geld zurechtlegt! Sonst geb ich ihr nicht mal das letzte Köfferchen heraus. Halt das Geld bereit, sonst bring ich dich in der ganzen Stadt in Verruf!«

Ich setzte sie noch am selben Abend an die frische Luft. Als ich sie wegschickte, jammerte sie zum Steinerweichen. Sie weint, schluchzt, rauft sich die Haare. Natürlich war es für sie kein Zuckerschlecken. Wo sollte sie auch hin? Ihre ganze Habe, ihre ganze Beute hatte sie dabei. Aber sie zog trotzdem aus. Wanja war auch zunächst ganz kleinlaut. Als er am Morgen aus der Kammer freikam, sagte er keinen Ton: Er hatte große Angst und ein schlechtes Gewissen. Er ging gleich an die Arbeit. Ich war froh und beruhigte mich wieder – aber nicht für lange. Bald fehlt wieder Geld in der Kasse, diese Schlampe schickt jetzt immer einen kleinen Jungen in den Laden, und er versorgt sie mit Gebäck und Gesottenem! Mal gibt er Zucker mit, mal Tee oder Tabak … oder auch ein Tuch oder Seife – wie es sich gerade ergibt … Wie hätte ich ihn immer im Auge behalten sollen? Dann fing er an zu trinken, und zwar immer schlimmer. Am Ende kümmerte er sich gar nicht mehr um den Laden: Zu Hause ist er gar nicht mehr, er kommt nur zum Essen und ist danach sofort wieder verschwunden. Jeden Abend geht er zu ihr, eine Flasche unter den Mantel – und marsch!, dabei ist der Wodka doch so teuer geworden. Ich renne wie eine Besessene hin und her – von der Schenke in den Laden, vom Laden in die Schenke – und traue mich nicht, ihm auch nur ein Wort zu sagen: Ein richtiger Landstreicher ist er geworden! Er war immer gutaussehend – er kommt freilich ganz nach mir –, ein blasses, zartes Gesicht wie eine junge Dame, klare, kluge Augen, stattlich und kräftig von Gestalt, kastanienbraune, lockige Haare … Und jetzt – das Gesicht aufgequollen, die Haare verfilzt und lang bis über den Kragen, die Augen trübe, er ist richtig verlottert, geht ganz krumm, sagt kein Wort und starrt nur vor sich hin.

»Lassen Sie mich bloß in Frieden«, sagt er, »sonst könnte ich noch krumme Dinger drehen.«

Wenn er getrunken hat, flennt er und lacht ohne Grund, oder er versinkt in Gedanken, spielt auf der Harmonika *Unwiederbringliche Zeit*, und die Tränen stehen ihm in den Augen. Ich merke, es sieht böse aus für mich, ich muss möglichst schnell heiraten. Man wollte mich damals mit einem Witwer verkuppeln, selbst auch Ladenbesitzer, aus der Vorstadt. Ein älterer Mann, aber kreditwürdig und wohlhabend. Also genau das, was ich suchte. Ich erkundige mich schleunigst bei zuverlässigen Leuten eingehend, wie er so lebt – offenbar alles in bester Ordnung, also galt es nicht zu zögern und die Bekanntschaft anzuknüpfen – die Heiratsvermittlerin hatte uns in der Kirche einander bisher nur gezeigt –, man mußte einen Vorwand finden, sich gegenseitig zu besuchen, sozusagen Brautschau zu halten. Zuerst kommt er zu mir und empfiehlt sich: »Lagutin, Nikolaj Iwanytsch, Ladenbesitzer.« »Sehr angenehm«, sage ich. Ein ganz vortrefflicher Mann, das sehe ich – zwar nicht besonders groß und schon ganz grau, aber angenehm und ruhig, ordentlich und höflich, offenbar auch sparsam, ich habe niemandem, so sagt er, im Leben auch nur einen Groschen geschuldet … Danach gehe ich mit der Heiratsvermittlerin zu ihm, als ginge es um etwas Geschäftliches. Wir kommen hin. Ich sehe, er hat einen Weinhandel und einen Laden mit allem, was dazugehört: Speck, Schinken, Sardinen, Hering. Das Haus ist nicht groß, aber es blinkt wie ein Kristallüster. Vor den Fenstern Gardinen und Blumen, der Fußboden sauber gefegt, auch wenn er ohne Frau lebt. Auch auf dem Hof herrscht Ordnung. Drei Kühe, zwei Pferde. Eine Stute, drei Jahre alt, fünfhundert hat man für sie schon geboten, erzählt er, aber er hat sie nicht hergegeben. Ich konnte mich gar nicht satt sehen an diesem Pferd – so ein schönes Tier! Er lächelt nur in sich hinein und geht mit kleinen Schritten voran, knackt ab und zu mit den Fingern und zählt uns alles auf, als würde er eine Preisliste vorlesen: Hier ist dieses, dort jenes … Also, denke ich, da gibt es nichts zu überlegen, man muß die Sache zu Ende bringen …

Natürlich erzähle ich das jetzt in aller Kürze, aber was ich damals tief drinnen empfunden habe, das weiß nur mein Schlummerkissen! Ich gehe wie auf Wolken vor lauter Freude – endlich habe ich erreicht, was ich wollte, sage ich mir, ich habe die richtige Partie für mich gefunden! –, aber ich behalte es für mich, ich schaudere vor Angst: Was, wenn sich all meine Hoffnungen zerschlagen? Beinahe wäre es so weit gekommen, um ein Haar wäre meine ganze Mühe umsonst gewesen, und über den Grund dafür kann ich auch heute noch nicht reden, ohne mich aufzuregen: Dieser Krüppel war schuld, er und mein lieber Sohn! Nikolaj Iwanytsch und ich waren die Sache so still und vornehm angegangen, daß keine Menschenseele davon erfahren würde, glaubten wir. Dann kommt mir zu Ohren, daß schon die ganze Vorstadt über unsere Absichten Bescheid weiß, und natürlich hatten auch die Samochwalows davon gehört – bestimmt hat die Polkanicha selbst ihnen das geflüstert. Und da hängt dieser Krüppel sich sofort auf! Das hast du nun davon – ich habe dich gewarnt, du wolltest es nicht glauben, also mache ich es erst recht! Er hat einen Nagel in die Wand über seinem Bett geschlagen, die Schnur von einem Zuckerhut daran befestigt, sie festgezurrt und ist vom Bett gerutscht. Nicht besonders schwierig, da gehört nicht viel Grips dazu! Eines Tages in der Dämmerung stehe ich im Laden und räume auf, als plötzlich jemand mit Getöse gegen den Blendladen schlägt! Mir bleibt beinahe das Herz stehen. Ich stürze hinaus auf die Schwelle – die Polkanicha.

»Was willst du?«

»Nikanor Matweitsch hat das Zeitliche gesegnet!«

Sie platzt damit heraus, macht kehrt und geht nach Hause. Ich überlege im ersten Moment gar nicht richtig – vor Schreck war mir, als hätte ich mich mit siedendem Wasser verbrüht –, werfe mir einen Schal um und hinterher. Sie rennt, den Saum nach vorn geschürzt, stolpert, strauchelt – und ich renne hinterher … Eine richtige Schande vor der ganzen Stadt! Ich renne hinter ihr her und begreife überhaupt nichts. Ich denke immer nur das eine – ich bin geliefert! Soll das ein Scherz sein, was hat er da gemacht, Gott gedenke seiner! Was sind die Leute doch gewissenlos, denke ich. Als ich ankomme, ist da schon so viel Volk, als würde es brennen. Der Vordereingang steht sperrangelweit offen, es kann jeder rein, der will – natürlich sind alle neugierig. Aus lauter Dummheit wäre ich auch fast da reingelaufen. Zum Glück war mir plötzlich, als hätte ich einen Schlag auf den Kopf bekommen: Ich besann mich, drehte mich um und ging wieder zurück. Das war vielleicht meine Rettung, sonst wäre ich wohl fällig gewesen. Wenn es jemandem eingefallen wäre – meinetwegen der Polkanicha aus lauter Wut – zu sagen, die da, Euer Wohlgeboren, wir glauben, die ist an allem schuld, geruhen Sie sie zu befragen, dann wäre es aus gewesen mit mir. Versuch mal nachher, dich da herauszuwinden! So etwas kommt vor – da schwant dir nichts Böses, und plötzlich haben sie dich am Schlafittchen gepackt und in den Sack gesteckt! Das hat es schon öfter gegeben!

Na, sie begruben ihn – und mir fiel ein Stein vom Herzen. Ich bereite die Hochzeit vor, beeile mich, mein Geschäft zu schließen, und was verkäuflich ist, ohne Einbuße zu verkaufen – und plötzlich kam das nächste Unheil. Ich hatte so schon Plackerei genug, lief mir die Hacken ab und kam fast um vor Hitze – in dem Jahr herrschte eine unerträgliche Hitze, dazu der Staub, der heiße Wind, vor allem bei uns auf der Gluchaja-Straße, am Hang –, und dann das: Nikolaj Iwanytsch fühlt sich vor den Kopf gestoßen. Er schickt diese Heiratsvermittlerin, die uns zusammengebracht hat – ein rabiates Weibsbild war das, bestimmt hatte sie selbst, scharfäugig wie sie war, Nikolaj Iwanytsch auf den Trichter gebracht –, und läßt durch sie ausrichten, er würde die Hochzeit bis zum ersten September verschieben – angeblich wegen irgendwelcher Geschäfte –, und was meinen Sohn angeht, den Wanja, läßt er bestellen, ich soll mir Gedanken über ihn machen und ihn irgendwo unterbringen, und zwar deshalb, sagt er, weil ich ihn unter keinen Umständen in meinem Haus aufnehmen werde. Auch wenn er dein leiblicher Sohn ist, sagt er, aber er ruiniert uns komplett, das macht mir Angst. (Seine Situation, natürlich. Er kannte keinen Ärger, hat nie Krach geschlagen, und da ist es verständlich, daß er die Aufregung fürchtete: Wenn er sich aufregt, ist er immer ganz durcheinander im Kopf und bringt kein Wort mehr heraus.) Da sagt er sich eben, soll sie sehen, daß sie ihn los wird. Aber wo soll ich ihn unterbringen, wie soll ich ihn loswerden? Mit dem Burschen konnte man gar nicht mehr fertig werden, und bei fremden Leuten würde er sich erst recht das Genick brechen, aber loswerden mußte ich ihn, daran ging kein Weg vorbei. Wir hatten ja so schon kaum noch etwas miteinander zu tun, seit er mit Fenja Bekanntschaft geschlossen hatte: Richtiggehend verhext hat sie ihn, diese Hündin! Tagsüber pennt er, nachts säuft er – die Nacht wird zum Tag … Was für einen Kummer ich in diesem Sommer seinetwegen durchgemacht habe, kann ich gar nicht sagen! Er hat es geschafft, daß ich dahinschmelze wie eine Kerze, keinen Löffel kann ich mehr halten, so zittern mir die Hände. Wenn es dunkel wird, setze ich mich auf die Bank vor dem Haus und warte, bis er nach Hause kommt, ich habe Angst, daß die Burschen aus der Vorstadt ihn zusammenschlagen. Einmal wäre ich fast umgekommen, ich lief nachsehen, was in der Vorstadt los war: Ich hatte Lärm und Geschrei gehört und dachte, sie würden ihn verprügeln, und da bin ich in die Schlucht hinuntergerauscht …

Nachdem ich jetzt Nikolaj Iwanytschs Entschluß kannte, rief ich ihn zu mir: »Folgendes, mein Sohn, ich habe lange genug Geduld mit dir gehabt, aber du bist so tief gesunken, richtig verkommen, im ganzen Kreis hast du mich in Verruf gebracht. Du hast dich daran gewöhnt, auf der faulen Haut zu liegen und es dir gutgehen zu lassen, und dabei bist du ein richtiger Landstreicher und Säufer geworden. Du hast nicht meine Gabe, so oft ich schon gefallen bin, ich bin immer wieder aufgestanden, aber du kommst auf keinen grünen Zweig.

Ich habe es zu Ansehen gebracht, unbewegliche Habe besitze ich auch, und ich esse und trinke nicht schlechter als andere Menschen, versage mir nichts, und das alles deshalb, weil seit jeher bei mir die Vernunft regiert. Aber du warst schon immer ein Verschwender und willst das offenbar auch bleiben. Es wird langsam Zeit, daß du mir nicht länger auf der Tasche liegst …«

Er sitzt da und schweigt und polkt an dem Wachstuch auf dem Tisch herum. Wenn ich ihn nicht gerufen hätte, würde er wohl immer noch schlafen, sein Gesicht ist ganz verquollen.

»Warum sagst du nichts?« frage ich. »Mach das Wachstuch nicht kaputt – schaff dir erst mal selbst eins an – und antworte mir!«

Er schweigt weiter und zieht den Kopf ein, seine Lippen zittern.

»Sie heiraten also?« fragt er dann.

»Das ist noch nicht raus«, sage ich. »Aber wenn ich heirate, dann einen guten Mann, der dich nicht in seinem Haus haben will. Ich bin schließlich nicht deine Fenja, mein Lieber, ich bin keine hergelaufene Schlampe.«

Plötzlich springt er auf, am ganzen Leibe zitternd: »Dabei sind Sie ihren Fingernagel nicht wert!«

Das ist gut, was? Springt auf, brüllt hitzig drauflos, knallt die Tür zu, und weg ist er. Ich bin sonst nicht so nah am Wasser gebaut, aber jetzt bin ich in Tränen aufgelöst. Ich weine einen Tag, weine einen zweiten Tag – sobald ich daran denke, was er zu mir gesagt hat, fange ich wieder an. Ich weine und muß immer nur an eines denken – nie im Leben werde ich ihm diese Kränkung verzeihen, ich werde ihn vom Hof jagen ... Aber er taucht nicht wieder auf. Ich höre, daß er bei ihr ist, daß er feiert und tanzt, das zusammengeklaute Geld versäuft und mir droht: »Der werde ich's geben, ich warte, bis sie abends rausgeht, und erschlage sie mit einem Stein!« Er schickt – natürlich um mich zu verspotten – jemanden zum Einkaufen in den Laden, nimmt mal Pfefferkuchen, mal Hering. Ich zittere, so gekränkt bin ich, aber ich reiße mich zusammen und verkaufe, was er haben will. Eines Tages sitze ich im Laden, als er plötzlich selbst hereinkommt. Betrunken, das Gesicht ganz aufgedunsen. Er bringt Heringe mit – am Morgen war ein Mädchen da und hat vier Stück gekauft, mit seinem Geld natürlich – und knallt sie auf den Ladentisch!

»Wie können Sie einem Kunden so ekelhaftes Zeug schicken!« schreit er. »Die stinken ja, taugen nur noch für die Hunde!«

Er schreit herum, bläht die Nasenflügel auf und sucht einen Vorwand.

»Mach hier keinen Radau«, sage ich. »Und schrei nicht so herum, ich produziere die Heringe nicht selbst, sondern kaufe sie im Faß. Wenn sie dir nicht schmekken, friß sie halt nicht – hier ist dein Geld.«

»Und wenn ich sie gegessen hätte und daran gestorben wäre?«

»Ich sage es dir noch einmal, du Schwein, schrei hier nicht herum – du hast mir gar nichts zu sagen! Das ist eine Nummer zu groß für dich. Wenn du mir was zu sagen hast, sag es anständig und komm nicht einfach dreist in anderer Leute Haus.«

Mit einem Mal hat er die Balkenwaage von der Truhe gepackt und fuchtelt mit dem Zapfen herum:

»Wenn ich dir jetzt eins überziehe«, sagt er, »dann liegst du lang!«

Damit stürzt er davon, so schnell er kann. Und ich hocke am Boden und kann nicht mehr aufstehen …

Hinterher höre ich, daß sie ihn doch noch erwischt haben, Gott hat ihn gestraft wegen seiner Mutter. Sie brachten ihn mir in einer Droschke, mehr tot als lebendig – sinnlos betrunken, der Kopf baumelt hin und her, die Haare blutverklebt und voller Staub, die Stiefel und die Uhr hatten sie ihm weggenommen, der neue Rock war ganz zerfetzt, kein Stückchen Tuch war heil geblieben … Ich überlegte hin und her – sicher, ich habe ihn aufgenommen, sogar die Droschke bezahlt, aber noch am selben Tag schicke ich Nikolaj Iwanytsch einen Gruß und lasse ihm klar und deutlich ausrichten, er bräuchte sich keine Sorgen zu machen: Die Sache mit dem Sohn hätte ich mir überlegt, ich würde ihn ohne Erbarmen wegschicken, sobald er wieder nüchtern wäre. Er schickt mir einen Gruß zur Antwort und läßt ausrichten: »Das ist sehr gescheit und vernünftig, ich danke Ihnen und empfinde mit Ihnen …« Und nach zwei Wochen legte er die Hochzeit fest. Ja …

Nun ja, vorläufig ist das alles, und wenn sie nicht gestorben sind … Mehr gibt es nicht zu erzählen, wahrhaftig. Mit diesem Mann habe ich immer in Eintracht gelebt, das ist heutzutags geradezu eine Seltenheit. Was ich durchgemacht habe, bis ich dieses Paradies erreicht habe, kann ich gar nicht sagen! Aber dafür hat der Herr mich wahrhaftig belohnt – schon das einundzwanzigste Jahr lebe ich jetzt mit meinem Alten wie hinter einer steinernen Mauer, und ich weiß gewiß – er würde immer für mich einstehen: Er sieht nämlich nur so friedlich aus! Natürlich, von Zeit zu Zeit tut mir das Herz weh. Besonders während der Großen Fasten, warum auch immer. Wenn ich jetzt sterben würde, denke ich dann, wäre es schön und friedlich – jetzt, wo in allen Kirchen Hymnen gesungen werden ... Ich habe mich wahrlich im Leben genug gequält – ach ja, Nastassja Semjonowna war hartnäckig! Hätte ich mit meinem Verstand etwa in der Vorstadt bleiben sollen? Mein Mann nennt mich auch Reibeisen ... Dann wieder sehne ich mich manchmal auch nach Wanja. Seit zwanzig Jahren habe ich nichts von ihm gehört. Vielleicht ist er längst tot, und ich weiß es nicht. Er tat mir richtig leid, als sie ihn damals brachten. Wir haben ihn hereingeschleppt und aufs Bett gewälzt – den ganzen Tag hat er geschlafen wie ein Toter. Ich ging manchmal hinauf und lauschte auf seinen Atem – ob er wohl noch lebte ... In der Kammer hängt so ein säuerlicher Gestank, und er liegt da, abgerissen und schmutzig, schnarcht und schnauft ... Schmählich und erbärmlich, das mit anzusehen, aber immerhin mein eigen Fleisch und Blut! Ich schaue, horche – und gehe wieder raus. Eine solche

Schwermut hat mich gepackt! Ich zwinge mich, zu Abend zu essen, räume den Tisch ab, lösche das Licht … Schlafen kann ich einfach nicht, ich liege da und zittere … Und die Nacht ist hell, so hell. Dann höre ich, er ist wach. Er hustet die ganze Zeit, geht hinaus auf den Hof, klappert mit der Tür.

»Was läufst du denn da herum?« frage ich.

»Ich habe Bauchschmerzen«, sagt er.

An seiner Stimme höre ich, daß er beunruhigt und bedrückt ist.

»Trink etwas Wermut mit Wodka«, sage ich. »Drüben im Ikonenschrank steht eine Flasche.«

Ich liege noch eine Weile wach, döse wohl ein wenig und spüre im Schlaf, daß sich jemand über den Läufer heranschleicht. Ich springe hoch – er!

»Mama«, sagt er, »erschrecken Sie doch um Christi willen nicht vor mir …«

Dann läßt er seinen Tränen freien Lauf. Er setzt sich auf das Bett, nimmt meine Hände, küßt sie und benetzt sie mit Tränen und bekommt kaum noch Luft – so weint und schluchzt er. Ich konnte nicht mehr an mich halten und fing auch an. Er tat mir natürlich leid, aber ich konnte nichts machen – es ging um mein Schicksal. Und er begriff das sehr wohl, das sah ich.

»Verzeihen kann ich dir«, sage ich, »aber ich kann jetzt nichts mehr machen, das siehst du selbst. Also geh weit weg von hier, damit ich nichts mehr von dir höre!«

»Mama«, fragt er, »warum haben Sie mich ins Unglück gestürzt, genau wie diesen Lahmen, Nikanor Matweitsch?«

Nun ja, er war noch nicht ganz wieder bei sich, das sah ich, deshalb wollte ich nicht mit ihm streiten. Er weinte und weinte, dann stand er auf und ging. Am Morgen warf ich einen Blick in die Kammer, wo er geschlafen hatte, aber da war er schon weg. Er wollte also vor der Schande davonlaufen – und blieb spurlos verschwunden. Einem Gerücht nach soll er in Sadonsk im Kloster gewesen und dann nach Zarizyn gegangen sein und sich dort wohl auch das Genick gebrochen haben … Aber was nützt es, sich den Kopf zu zerbrechen – davon wird mir nur das Herz schwer! Wenn man Wasser kocht, bleibt es doch Wasser …

Aber was er über Nikanor Matweitsch gesagt hat, finde ich einfach nur dumm. Schließlich habe ich mich nicht groß bereichert, ihm nichts aus der Tasche gezogen. Er hat seine Misere doch selbst erkannt, war oft traurig. Manchmal sagte er zu mir:

»Das Schicksal hat mich zum Krüppel gemacht, Nastja, und dazu habe ich einen verrückten Charakter: Bald bin ich so fröhlich wie vor einem Unheil, bald so schwermütig, besonders im Sommer, in der Hitze, in diesem Staub – ich könnte mir direkt etwas antun! Wenn ich sterbe, werde ich auf dem Tschornoslobodskoje-Friedhof begraben, und dann kommt immer und ewig dieser Staub über die Mauer hinweg auf mein kleines Grab geflogen!«

»Aber Nikanor Matweitsch, wer wird sich denn deshalb grämen! Das merken wir doch gar nicht!«

»Auch wenn wir es nicht merken«, sagt er, »der Jammer ist doch, daß man zu Lebzeiten daran denkt ...«

Es stimmt schon, mitunter war es trostlos bei uns im Haus, bei den Samochwalows, wenn nach dem Mittagessen alle schliefen und der Wind diesen Staub heranblies! Als er sich etwas antat, war es auch so entsetzlich heiß, in der dumpfen Zeit. Es stimmt schon, unsere Stadt ist trostlos. Ich war vor kurzem in Tula: kein Vergleich!

Swertschok

Diese kleine Geschichte hat der Sattler Swertschok erzählt, der den ganzen November über gemeinsam mit Wassili, einem anderen Sattler, beim Gutsbesitzer Remer arbeitete.

Es war ein düsterer, schmutziger November, und der Winter wollte einfach nicht recht kommen. Remer und seiner jungen Frau, die sparsam und umsichtig das großväterliche Gut bewirtschafteten, war es langweilig, und so hatten sie sich angewöhnt, des Abends von ihrem mit Brettern vernagelten, zweistöckigen Haus, in dem es nur im Erdgeschoß, unter dem Portikus, ein einigermaßen wohnliches Zimmer gab, hinüberzugehen in das alte Seitengebäude, in das ehemalige Kontor mit dem abgeblätterten Verputz, wo das Geflügel überwinterte und die Sattler, der Knecht und die Magd einquartiert waren.

Am Abend vor Mariä Tempelgang herrschte undurchdringliches, nasses Schneegestöber. In dem geräumigen, niedrigen Kontor, das früher einmal mit Kreide geweißt gewesen war, war es sehr warm und feucht, es roch durchdringend nach Machorka, nach dem Blechlämpchen, das auf der Werkbank brannte, nach Schusterpech, nach Politur und nach der Pfefferminzsäure des Leders, von dem sich zusammen mit allerhand Gerätschaften, neuem und altem Sattelzeug, Kummetpolstern, Satteldecken aus Filz, Pechdraht und Messingteilen auf der Werkbank und auf dem wie in einem Schweinekoben festgestampften, schmutzigen Fußboden Stücke und Schnittabfälle türmten. Auch nach Geflügel stank es, aus der dunklen Küche, zu der die Tür offenstand, doch Swertschok und Wassili, die in diesem Gestank nächtigten und tagein, tagaus nicht weniger als zehn, elf Stunden mit gekrümmtem Rücken darin saßen, waren wie stets sehr zufrieden mit ihrer Behausung, vor allem aber damit, daß Remer nicht beim Beheizen knauserte. Von den schmalen Fensterbrettern hinter der Werkbank tröpfelte es, an den schwarzen Fensterscheiben leuchtete grellweiß der klebrige, nasse Schnee. Die Sattler arbeiteten angespannt, und die Köchin, eine kleine Frau in Halbpelz und schweren Bauernstiefeln, die den ganzen Tag über gefroren hatte, ruhte sich auf einem durchgesessenen Stuhl neben dem lehmbeschmierten, heißen Ofen aus. Sie wärmte sich Rücken und Arme und lauschte mit geneigtem Kopf, in ein Hanftuch gehüllt und unverwandt in die Flamme blickend, dem Tosen des Windes, der von Zeit zu Zeit den ganzen Anbau erschütterte, dem Klopfen des Hammers auf dem Kummet, an dem Wassili arbeitete, und dem greisenhaft-kindlichen Atmen des kahlköpfigen Swertschok, der sich mit einem Hintergeschirr abplagte und in besonders heiklen Momenten mit seiner roten Zungenspitze hin und her fuhr.

Das petroleumtriefende Lämpchen stand am Rand

der Werkbank genau in der Mitte zwischen den Arbeitern, damit sie beide gut sehen konnten, aber Wassili zog sie mit seiner kräftigen, sehnigen, sonnenverbrannten Hand, über der der Ärmel bis zum Ellbogen hochgekrempelt war, immer wieder näher zu sich heran. Man spürte die Kraft und das Vertrauen in diese Kraft in der ganzen Gestalt dieses schwarzhaarigen Mannes, der aussah wie ein Malaie – in jeder Wölbung seines muskulösen Körpers, der sich unter dem dünnen, wie verschlissenen, einstmals roten Hemd deutlich abzeichnete, und es machte immer den Anschein, als würde sich Swertschok, der klein und zwar scheinbar rüstig, aber dennoch wie alle Hofleute völlig abgearbeitet war, ein wenig vor Wassili fürchten, der in der Stadt aufgewachsen war und vor nichts und niemandem Angst hatte. Auch Wassili selbst kam es so vor, und er hatte sich sogar angewöhnt, eher scherzhaft und zur Belustigung der Umstehenden, Swertschok herumzukommandieren, wobei dieser ihn bereitwillig unterstützte und sich seinerseits, halb im Ernst, halb im Scherz von diesen Zurechtweisungen erschrocken gab.

Wassili hielt zwischen den Stiefelschäften und den mit einer speckigen Hanfschürze bedeckten Knien ein neues Kummet und überzog es mit dickem, dunkellilafarbenem, streng riechendem Leder, das er mit der einen Hand fest gepackt hielt und mit der Zange stramm über das Holz zog, während er mit der anderen Hand Nägel mit Messingköpfen zwischen seinen zusammengepreßten Lippen hervorzog, sie in die zuvor mit der Ahle angebrachten Vertiefungen steckte, um sie mit einem einzigen Schlag gekonnt und kräftig einzuhämmern. Er hatte seinen großen Kopf mit den schwarzen, feucht-gelockten und mit einem Lederbändchen zusammengebundenen Haaren tief geneigt und arbeitete mit jener für einen selbst wie für die Umstehenden angenehmen, gleichmäßigen Konzentration, die nur mit lange geübter Kraft und mit Talent zu erreichen ist. Auch Swertschok arbeitete konzentriert, doch war seine Konzentration von anderer Art. Er brachte eine Steppnaht an einem neuen, noch nicht eingeschwärzten, blaßroten Hintergeschirr an, hielt dieses wie Wassili zwischen Knie, Stiefelschäfte und Schürze geklemmt und hatte seine liebe Not, die Löcher zu stechen und dann – wobei er mit der Zunge hin und her fuhr und den kahlen Kopf nach dem Licht ausrichtete – mit den Borsten in die Einstichstellen zu treffen, auch wenn er dann das Ende ebenfalls gekonnt und kräftig, ja sogar mit der gewissen Kunstfertigkeit des alten, erfahrenen Meisters, auseinanderzurrte und befestigte.

Wassilis breites, über das Kummet geneigte Gesicht mit den unter der öligen, gelbbraunen Haut hervortretenden Wangenknochen und den spärlichen, drahtigen schwarzen Haaren über den Mundwinkeln war streng, düster und vielsagend. An Swertschoks über das Hintergeschirr geneigtem Gesicht hingegen war nur abzulesen, daß es ihm zu dunkel war und daß ihm die Arbeit schwerfiel. Er war genau doppelt so alt wie Wassili und fast nur halb so groß. Ob er saß oder aufstand, machte kaum einen Unterschied – so kurz waren seine Beine, die in ausgetretenen, vor Altersschwäche weich gewordenen Stiefeln steckten. Sein Gang war – infolge des Alters und wegen eines Bruchs – unbeholfen und so gebückt, daß die Schürze abstand und sein eingefallener Bauch zu sehen war, der locker, wie bei einem Kind, gegürtet war. Kindlich dunkel waren auch seine schwarzen Äuglein, die aussahen wie Oliven, und sein Gesicht zeigte einen leicht schelmischen, spöttischen Ausdruck: Swertschoks Unterkiefer stand vor, und die Oberlippe, auf der zwei dunkle, dünne, immer feuchte Zöpfchen schimmerten, war eingefallen. Anstelle von »Herr« sagte er »Heh«, anstelle von »waren« sagte er »wahen«, und er schniefte häufig, wobei er mit seiner großen kalten Hand, mit dem Knöchel des Zeigefingers, seine spitze Nase, an der ständig ein helles Tröpfchen hing, abwischte. Er roch nach Machorka und Leder und auch sonst irgendwie streng, wie alle alten Männer, die zwei- oder dreimal im Jahr baden.

Durch das Tosen des Schneesturms hörte man plötzlich im Flur das Stampfen von Füßen, die den Schnee abtraten, das Klappern von Türen, und in einem Schwall kühlen, guten Geruchs traten die Herrschaften herein, über und über mit weißen Flocken beklebt, mit feuchten Gesichtern und Glitzer auf Haaren und Kleidung. Remers üppiger, dunkelroter Bart und die dichten, über die ernsten, lebhaften Augen herabhängenden Brauen, der glänzende Persianerkragen seines flauschigen Mantels und die Persianermütze wirkten durch diesen Glitzer noch prächtiger, während er das zarte, liebliche Gesicht seiner Frau, ihre weichen, langen Wimpern, die blaugrauen Augen und das flaumweiche, graue Tuch noch zarter und lieblicher machte. Die Köchin wollte ihr den durchgesessenen Stuhl überlassen, sie bedankte sich freundlich, hieß die Köchin aber sitzen zu bleiben und nahm in der anderen Ecke auf der langen Küchenbank Platz, nachdem sie vorsichtig einen Zügel mit zerbrochener Kandare heruntergenommen hatte; dann zog sie mit einem dezenten Gähnen die Schultern zusammen, lächelte und blickte mit weit aufgerissenen Augen ebenfalls in die Flamme. Remer zündete sich eine Zigarette an und begann, im Zimmer hin und her zu gehen, ohne abzulegen oder die Mütze abzusetzen. Auch sie hatte nicht abgelegt, saß da, als warte sie auf etwas, und dachte bald beglückt an ihre Schwangerschaft, an der es noch einen winzigen Zweifel gab, bald an das neue, angenehm ungewohnte Leben, das sie nun schon seit einem halben Jahr auf dem Lande führte, oder an das ferne Moskau, an die Straßen, die Lichter, die Straßenbahnen. Wie üblich waren die Herrschaften eigentlich nur auf einen Moment hereingekommen – allzu schwer und warm war die Luft bei den Sattlern –, dann aber, wie üblich, vergaßen sie das, nahmen den Geruch nicht mehr wahr und kamen ins Reden … Und mit einem Mal, überraschend für alle, erzählte Swertschok davon, wie sein Sohn erfroren war.

»Du bist ein ganz Schlauer, mein Bester«, lispelte er, als Wassili, der die Herrschaften mit einem Kopfnikken begrüßt hatte, die Lampe wieder näher zu sich heranzog. »Du bist ein ganz Schlauer, mein Bester. Dabei bin ich wohl etwas älter als du«, sagte er schniefend und zog die Nase hoch.

»Was?« rief Wassili mit geheuchelter Strenge und runzelte die Stirn. »Willst du dir vielleicht eine Backpfeife holen? Na warte, die kannst du haben! Sollen wir dir vielleicht eine Gaslampe anzünden? Wenn du blind bist, gehörst du ins Altersheim.«

Alle lachten – selbst die gnädige Frau, der diese Scherze immer ein wenig unangenehm waren und der Swertschok immer ein wenig leid tat – und meinten, Swertschok würde wie üblich mit einem Witz darauf antworten. Dieses Mal aber schüttelte er nur den Kopf, beugte sich seufzend vor und starrte auf die schwarzen, mit nassen weißen Flocken beklebten Fensterscheiben. Dann packte er mit seiner großen, sehnigen Hand, bei der die Gelenke von Daumen und Zeigefinger weit auseinander standen, die Ahle und stach unbeholfen und mühsam in das rosafarbene, unbearbeitete Leder. Die Köchin hatte seinen Blick zum Fenster bemerkt und fing an, wie sie sich fürchte, daß ihr Mann, der zum Pferdedoktor nach Tschitscherino gefahren sei, erfrieren könnte, wenn er bei diesem Schneetreiben vom Weg abkäme. Remer, der seinen eigenen Gedanken nachhing, wollte sie beruhigen – er wird schon nicht fahren, er übernachtet sicher in Tschitscherino, und selbst wenn er fährt, ist es nicht schlimm, es ist ein warmer Schneesturm –, als mit einem Mal Swertschok, der so tat, als sei er sehr beschäftigt mit dem Hintergeschirr, sich darüberbeugte und es in Augenschein nahm, mit trauriger Gutmütigkeit sagte:

»Ja, mein Bester, blind bin ich ... Blind wird man, ob man will oder nicht! Werde du erst einmal so alt wie ich, erlebe das, was ich erlebt habe! Das schaffst du doch gar nicht! Ich war schon immer so, keine Ahnung, woran sich die Seele klammert, aber ich habe nicht aufgegeben, habe gelebt – und ich würde noch mal so lange leben, wenn ich etwas hätte, wofür es sich zu leben lohnt. Ich wollte sogar sehr gerne leben, mein Bester, solange es antiressant war, ich habe gelebt und mich dem Tod nicht ergeben. Aber deine Kraft kennen wir noch nicht. Sie ist jung und noch nicht groß herumgekommen ...«

Wassili blickte ihn aufmerksam an, ebenso wie die Herrschaften und die Köchin, erstaunt über seinen ungewöhnlichen Ton – in diesem Moment des Schweigens war das Tosen des Windes ums Haus besonders vernehmlich –, und fragte ernsthaft:

»Was machst du denn da für boshafte Anspielungen?«

»Ich?« fragte Swertschok und hob den Kopf. »Nein, ich mache keine boshaften Anspielungen, mein Bester. Ich habe an meinen Sohn gedacht. Du hast bestimmt gehört, was für ein patenter Bursche er war? Er war wohl noch fixer als du, auch an Kraft hätte er es mit dir aufnehmen können, aber er hat nicht so viel aushalten können wie ich.«

»Er ist doch erfroren, nicht wahr?« fragte Remer.

»Ja, er ist erfroren. Ich habe ihn gekannt«, erwiderte Wassili und setzte völlig ungeniert hinzu, so wie man über ein Kind spricht, wenn es dabei ist: »Dabei war er nicht einmal sein Sohn, heißt es, also nicht der Sohn von Swertschok. War wohl eher ein Kuckuckskind.«

»Das hat damit nichts zu tun«, versetzte Swertschok schlicht. »Es mag schon sein, aber er hat mich geachtet wie einen Vater, gebe Gott, daß deine dich einmal so achten, ich bin der Sache nicht weiter nachgegangen, ob er nun mein Sohn war oder nicht, mein eigenes Blut oder fremdes ... Wir haben doch sowieso alle das gleiche! Das Entscheidende ist doch, daß er mir vielleicht teurer war als zehn eigene Kinder. Hören Sie, gnädiger Herr, und Sie, gnädige Frau«, – Swertschok wandte dabei den Herrschaften seinen Kopf zu und sagte mit besonderer Freundlichkeit »gnähige Fau« –, »hören Sie, wie es war, als mein Sohn erfroren ist. Ich habe ihn damals die ganze Nacht huckepack getragen.«

»War denn so starkes Schneetreiben?« fragte die Köchin.

»Überhaupt nicht«, sagte Swertschok. »Es war Nebel.«

»Wie – Nebel?« fragte die gnädige Frau unvermittelt lebhaft. »Kann man denn im Nebel erfrieren? Und warum haben Sie ihn getragen?«

Swertschok lächelte sanft.

»Hm!« bemerkte er. »Sie können sich gar nicht vor

stellen, gnädige Frau, wie dieser Nebel einem zusetzen kann! Und getragen habe ich ihn deshalb, weil er mir so leid tat, ich dachte die ganze Zeit, ich könnte ihn vor diesem … vor dem Tod bewahren. Das war so«, schnarrte er, weder an Wassili noch an Remer, sondern allein an die gnädige Frau gewandt: »Es war genau vor dem Nikolaustag …«

»Ist es schon lange her?« fragte Remer.

»Vor fünf oder sechs Jahren war es«, erwiderte Wassili, der ernst zuhörte und sich eine Zigarette drehte, an Swertschoks Stelle.

Swertschok warf ihm einen flüchtigen, greisenhaft-strengen Blick zu.

»Laß mir einen Zug übrig«, sagte er und fuhr fort: »Wir haben damals auf dem Gut vom gnädigen Herrn Sawitsch in Ognjowka gearbeitet, gnädige Frau – er, also mein Sohn, war immer bei mir, auf Schritt und Tritt, er wußte, bei mir konnte er etwas Ordentliches lernen –, wir haben also gearbeitet und gearbeitet, ein Quartier hatten wir im Dorf, in Machowoje, nach dem Tod seiner Mutter lebten wir gewissermaßen wie zwei gute Kameraden zusammen. Schließlich stand der Nikolaustag vor der Tür. Wir dachten, da müssten wir doch kurz nach Hause, uns ein wenig in Ordnung bringen, denn ehrlich gesagt, hatten wir nur noch Fetzen am Leib. Wir wollen also gegen Abend aufbrechen und bemerken gar nicht, daß unterdessen starker Frost herrschte und noch dazu Nebel aufgezogen war, das Dorf war hinter der Wiese schon nicht mehr zu sehen, ganz zu schweigen davon, daß die Gegend sowieso sehr abgelegen ist. Wir suchen also unsere Sachen zusammen, räumen das Werkzeug auf in dieser Banja, wo wir hausen, und finden einfach nichts in der Dunkelheit – geizig war der Gutsherr, keinen Kerzenstummel hat er einem gegönnt –, und als wir merken, daß wir schon ein bißchen spät dran sind, glauben Sie mir, da wurde mir so beklommen zumute, daß ich sage: ›Mein lieber Kamerad, Maxim Iljitsch, sollen wir nicht besser hierbleiben, bis morgen warten?‹«

»Sie heißen Ilja?« fragte die gnädige Frau, der plötzlich einfiel, daß sie Swertschoks Namen gar nicht kannte, und für einen Moment errötete sie zart, was ihre blaugrauen Augen und die langen Wimpern noch schöner machte.

»Stimmt genau«, sagte Swertschok freundlich, schniefte und wischte sich die Nase ab. »Ilja Kapitonow. Aber mein Sohn hat mich auch immer Swertschok genannt, er hat immer seine Witze gemacht und sich mir gegenüber flegelhaft benommen, genau wie Wassili Stepanytsch hier, dieser Bowa Korolewitsch. Natürlich war es dieses Mal genau das gleiche, er machte seine Witze, fing lautstark an zu krakeelen … Denkt ein junger Mann vielleicht an den Tod? ›Was soll denn das jetzt bedeuten? Na sag schon! …‹ Er stülpte mir die Mütze über die Ohren, setzte seine eigene auf, zog seinen Gürtel fest – ein hübscher Kerl war er, gnädige Frau, die reinste Wahrheit sage ich Ihnen! –, nahm den Stock, drückte mir den Beutel mit unseren Habseligkeiten in die Hand, mit unseren Ahlen – und ohne ein weiteres Wort Marsch hinaus auf die Vortreppe. Ich hinterher ... Ich sehe, es ist furchtbar neblig und wird schon ganz dunkel, der herrschaftliche Garten ist über und über mit graublauen Mützen und mit Reif bedeckt, wie eine Wolke kommt er mir vor in diesem Dämmerlicht und diesem Nebel – aber da ist nichts zu machen, ich will den jungen Mann nicht vor den Kopf stoßen und sage gar nichts mehr. Wir gingen über die Wiesen den Hügel hinauf, aber die Fenster bei der Herrschaft waren nicht mehr zu sehen, alles war grau und düster, näher herangerückt, ein unheimlicher Anblick. Ich drehe mich vom Wind weg – er verschlägt einem augenblicklich den Atem, so heftig fegt einem die Kälte entgegen aus diesem Dunst, diesem Nebel, als würde sie atmen – und spüre, wie er mir schon nach zwei Schritten durch Mark und Bein geht, und wir haben nur ungefütterte Stiefel, und auch die Mäntel sind nur auf Kante genäht, und ich sage wieder: ›Kehren wir um, Maxim, spiel nicht den starken Mann!‹ Er überlegt einen Moment ... Aber natürlich, ein junger Mensch, Sie wissen wohl selbst, gnädige Frau, wie das ist, muß sein Gesicht wahren – er zieht eine finstere Miene und geht weiter. Wir kommen ins Dorf ... Es ist still, zwar überall Licht in den Häusern, wenn auch nur trübe und trist, aber wenigstens wohnt da jemand – und er brummt: ›Na siehst du? Warum so bange? Siehst du, beim Gehen wird es einem wärmer, es kommt einem nur am Anfang so kalt vor, aber jetzt ist es ganz warm ... Nicht so langsam, nicht so langsam, sonst mach ich dir Beine.‹ Aber von wegen warm, gnädige Frau, alle Wassertonnen waren zu einem Viertel mit Reif beschlagen, die Weiden neigten sich zum Boden hinunter, die Dächer waren vor lauter Nebel und Frost nicht mehr zu sehen … Natürlich, da waren die Häuser, aber durch die Lichter trat der Nebel noch deutlicher hervor, meine Wimpern waren voller Reif und schwer wie bei einem guten Pferd, und von den Fenstern der Herrschaft auf der anderen Seite konnte man rein gar nichts mehr erkennen … Mit einem Wort – eine bitterkalte Nacht, kein Weg, kein Steg, eine richtige Wolfsödnis.«

Wassili runzelte die Stirn, ließ den Rauch durch beide Nasenlöcher entweichen, hielt Swertschok den Zigarettenstummel hin und fiel ihm ins Wort:

»Ach was, Wolfsödnis – wenn du so weitermachst, bist du beim Jüngsten Gericht noch nicht fertig. Mach schneller, du redseliger Awwakum!«

Geschäftig drehte er das Kummet zwischen seinen Knien, um weiterzuarbeiten. Swertschok ergriff mit drei nikotingelben Fingerspitzen den Zigarettenstummel, nahm einen kräftigen Zug und versank für einen Augenblick in trübseliges Nachdenken, als lausche er auf sein kindliches Atmen und das Tosen des Windes jenseits der Mauer. Dann sagte er schüchtern:

»Na, von mir aus, also gut, ich mache es kürzer. Du hast aber auch an allem etwas zu kritteln, mein Lieber … Immer muß alles schnell gehen und mehr schlecht als recht … Dabei erzähle ich es nicht dir, sondern den Herrschaften – vielleicht antiressiert es die gnädige Frau, sie weiß doch noch nicht so recht, wie es bei uns Bauern zugeht … Ich wollte sagen, daß wir uns schon nach wenigen Schritten verirrten. Wir hatten also, gnädige Frau«, fuhr er fort und war nun zuversichtlicher, nachdem er bei einem Blick zur Herrin Mitgefühl in ihren Augen erkannt und plötzlich seinen langgewohnten Schmerz um so heftiger empfunden hatte, »wir hatten also den Weg verloren. Sobald wir aus dem Dorf hinaus waren, über die Hinterhöfe, wie man bei uns sagt, und in diese Finsternis gerieten, in den Nebel, in die Kälte und vielleicht eine Werst gegangen waren, verirrten wir uns. Da ist ein großer Hügel, eine riesige Wiese und tiefe Schluchten, die bis nach Machowoje gehen, und oberhalb davon gibt es immer einen Winterweg, den schlugen wir ein, im Glauben, uns daran zu halten, aber statt dessen sind wir nach links gegangen, einer anderen Spur gefolgt, in Richtung der Schluchten von Bibikowo, und dann verloren wir diese Spur zu allem Unglück auch und stapften einfach blindlings drauflos durch Schnee und Wind. Aber das, gnädige Frau, ist alles eine bekannte Sache – wer hätte sich noch nie verirrt, das hat jeder schon erlebt –, aber ich wollte eigentlich sagen, was für eine Qual ich in der Nacht erlitten habe! Ich verlor wahrhaftig allen Mut und bekam es richtig mit der Angst, wie wir da zwei oder drei Stunden im Kreis herumliefen, keuchten und keine Luft mehr kriegten und fast erfroren, nicht mehr ein und aus wußten und sahen, daß wir festsaßen, da kriegte ich es so mit der Angst zu tun, daß mir Arme und Beine glühend heiß wurden – jeder hängt schließlich am Leben –, aber ich konnte mir nicht ausmalen, was mir noch bevorstand, wie der Herr mich strafen würde! Ich dachte natürlich, mit mir wäre es zuerst vorbei – ich bin ja nur eine halbe Portion, sehen Sie mich doch an! –, aber wie ich sehe, daß es nicht mich trifft, daß ich am Leben bin und noch stehen kann und er sich schon in den Schnee setzt, wie ich das sehe …«

Swertschok hatte bei den letzten Worten leicht aufgeschrien und der Köchin, die angefangen hatte zu weinen, einen Blick zugeworfen, dann blinzelte er plötzlich, verzog Brauen, Lippen und den zitternden Kiefer und suchte hastig nach seinem Tabaksbeutel. Wassili schob ihm verärgert seinen eigenen zu, und er drehte sich mit seinen schlotternden großen Händen eine Zigarette, wobei ihm die Tränen in den Tabak tropften, und redete weiter, aber nun mit einem neuen, gleichmäßig festen Tonfall und erhobener Stimme.

»Meine liebe gnädige Frau, wir hatten einmal einen Gutsherrn, Iljin, einen grausameren als ihn gab es im ganzen Gouvernement nicht – grausam zu unsereins meine ich, zu den Hofleuten –, der ist erfroren, vor der Stadt hat man ihn gefunden, er liegt im Wagen, ganz zugeschneit, schon ganz steif und mit Eis im Mund, und sein Hund, sein geliebter Setter, hockt zitternd daneben unter einem Waschbärpelz: Da hatte also dieser Unmensch seinen Pelz ausgezogen und den Hund damit zugedeckt und war selbst erfroren, und sein Kutscher war erfroren, und die ganze Trojka war auf die Deichseln gestürzt und krepiert … Aber das hier war kein Hund, es war mein eigener Sohn, mein lieber Kamerad! Ja, gnädige Frau! Was hätte ich denn ausziehen sollen? Die Joppe vielleicht? Die war so alt wie ich selbst, seine war doppelt so warm … Da hätte auch ein Pelz nicht helfen können! Auch wenn ich mein Hemd ausgezogen hätte – das hätte ihn nicht gerettet, man hätte die ganze Welt zusammenschreien können, es hätte ja doch keiner gehört! Er hatte bald noch viel mehr Angst als ich, und das war dann auch unser Untergang! Kaum hatten wir die Spur verloren, fing er an, wild hin und her zu rennen. Zuerst schrie er herum, klapperte mit den Zähnen und keuchte, daß uns jetzt der Wind und der Frost durch Mark und Bein dringen, und dann hat er völlig den Kopf verloren. ›Bleib stehen‹, habe ich geschrien. ›Um Christi willen, bleib stehen, komm, wir setzen uns hin und überlegen!‹ Er sagt gar nichts. Ich packe ihn am Ärmel und schreie wieder auf ihn ein … Er sagt keinen Ton! Entweder versteht er nichts, oder er hört nichts. Stockfinster ist es, Arme und Beine spüren wir nicht mehr, das ganze Gesicht ist mit Reif bedeckt, starr und steif, als hätte man gar keine Lippen mehr, bloß noch den blanken Kiefer – und man erkennt nichts, sieht nichts! Der Wind dröhnt einem in den Ohren, jagt den Nebel vor sich her, und er dreht sich im Kreis, rennt hin und her – und hört einfach nicht auf mich. Ich laufe hinterher, schlucke Nebel, versinke bis zum Gürtel im Schnee … Paß nur auf, denke ich mir, daß du ihn nicht aus den Augen verlierst ... Plötzlich – zack! – sacken wir ein, rollen irgendwo runter, ersticken fast im Schnee ... Mir schwant, daß wir in den Schluchten sitzen. Wir sind eine Weile still und versuchen, wieder zu Atem zu kommen, und plötzlich sagt er: ›Was ist das, Vater? Die Schluchten von Bibikowo? Bleib nur sitzen, laß uns einen Moment ausruhen. Wir klettern hier raus, dann gehen wir wieder zurück. Ich weiß jetzt Bescheid. Keine Bange, keine Bange, ich bringe dich hin.‹ Er hat schon so eine wahnsinnige Stimme, wie leblos. Er spricht die Worte nicht, er stößt sie hervor ... Und da habe ich begriffen, daß wir verloren waren. Wir sind hinausgeklettert, wieder ein Stück gegangen und haben uns wieder verlaufen ... Wir sind wohl noch zwei Stunden durch den Schnee gestapft und immer weiter vom Weg abgekommen, bis zum Eichengehölz von Bunin, und erst da erkannten wir, daß wir schon ungefähr fünfzehn Werst von Ognjowka weg waren, mitten in der leeren Steppe – und plötzlich setzt er sich hin: ›Swertschok, leb wohl.‹ – ›Halt, wieso leb wohl? Maxim, komm zu dir!‹ Nein, er saß da und war ganz still ...«

»Das ist eine lange Geschichte zum Erzählen, gnädige Frau!« sagte Swertschok plötzlich wieder mit hell klingender Stimme und runzelte die Stirn. »Da verging meine ganze Angst. Wie er sich hinsetzte, schoß mir so durch den Kopf: Tja, so ist das – zum Sterben hab ich jetzt wohl keine Zeit! Ich habe seine Hände geküßt, ihn angefleht – halt wenigstens noch ein bißchen durch, steh auf, ergib dich nicht diesem tödlichen Schlaf, wir kommen heil hier raus, stütz dich auf mich! Nein – er fällt um und streckt die Beine von sich, und fertig! Ich wäre vor lauter Schreck auch fast gestorben, aber ich kann nicht ... bin nicht in der Lage ... Und wie er dann starb, endgültig still wurde, schwer und steif, eisesstarr, da hab ich ihn, diesen großen Kerl, huckepack genommen, ihn aufgeladen, um die Beine gepackt und geschleppt. Nein, denke ich, halt, nein, das fehlte noch, ich gebe dich nicht her – hundert Nächte schleppe ich dich, auch wenn du tot bist! Ich laufe, sinke im Schnee ein, mir geht von der Schlepperei der Atem aus, vor Angst stehen mir die Haare zu Berge, wenn er mit seinem kalten Kopf – die Schirmmütze hatte er längst verloren – auf meiner Schulter hin und her rutscht und mein Ohr berührt. Ich renne und schreie wie verrückt: ›Nein, halt, ich gebe dich nicht her, ich habe jetzt keine Zeit zu sterben!‹ Ich dachte nämlich, gnädige Frau«, sagte Swertschok plötzlich mit schwacher Stimme, fing an zu weinen und wischte sich mit dem Ärmel die Augen aus, wobei er eine Stelle nahm, an der der Ärmel nicht so schmutzig war, weiter oben an der Schulter, »ich dachte nämlich ... ich bringe ihn ... ich bringe ihn ins Dorf ... vielleicht taut er auf, dann reibe ich ihn warm ...«

Nach einer ganzen Weile, als Swertschok sich wieder gefangen und eine Zigarette angezündet hatte und mit roten Augen unverwandt vor sich starrte, als die Herrin ebenso ihre Tränen abgewischt hatte und erleichtert aufatmete wie die Köchin, die dabei war aufzustehen, um quer über den Hof durch das feuchte

Schneetreiben das Abendessen für die Herrschaften hinüberzubringen, sagte Wassili ernst:

»Ich habe dich zu Unrecht gedrängt. Du erzählst gut. So viel Lebhaftigkeit hätte ich dir gar nicht zugetraut.«

»Das ist es ja«, erwiderte Swertschok ebenfalls ernst und schlicht. »Man kann die ganze Nacht hindurch erzählen und wird doch nicht fertig.«

»Wie alt war er denn?« fragte Remer mit einem Seitenblick auf seine Frau, die aufgehört hatte zu weinen und still lächelte, und überlegte besorgt, ob ihr das in ihrem Zustand auch nicht schaden würde.

»Im fünfundzwanzigsten Jahr war er«, antwortete Swertschok.

»Und mehr Kinder hatten Sie nicht?« fragte die gnädige Frau scheu.

»Nein, keine …«

»Und ich habe sieben Stück«, sagte Wassili düster. »Die Hütte ist kaum zwei Schritt groß, und ein ganzer Haufen Kinder! Kinder sind auch nicht nur die reine Freude. Je früher wir sterben, desto besser.«

Swertschok überlegte.

»Nun, das ist nicht an uns zu beurteilen«, sagte er noch schlichter, ernster und trauriger und nahm wieder seine Ahle. »Wenn er nicht erfroren wäre, mein Lieber, mich würde der Tod bis hundert nicht dahinraffen.«

Die Herrschaften wechselten einen Blick, knöpften ihre Mäntel zu und erhoben sich. Sie fühlten sich irgendwie unbehaglich, überflüssig. Doch sie blieben noch lange stehen und hörten Swertschok zu, der die Fragen der Köchin beantwortete, ob er es geschafft habe, den Sohn bis zum Dorf zu tragen, und wie die Sache ausgegangen sei. Swertschok sagte, er habe es geschafft, aber nicht bis Machowoje, sondern bis zur Eisenbahn, da sei er über die Schienen gestolpert und hingefallen. Arme und Beine waren ihm erfroren, und er hatte das Bewußtsein verloren. Es wurde Tag, der Schneesturm dauerte an, alles war weiß, und er saß in der Steppe und schaute zu, wie der Schnee seinen toten Sohn verwehte, sich in seinem dünnen Schnurrbart und den weißen Ohren sammelte. Die Schaffner eines Güterzuges, der aus Balaschow kam, hatten sie schließlich mitgenommen.

»Eine wunderliche Sache«, bemerkte die Köchin, als er geendet hatte. »Ich verstehe nicht, daß du selber in diesem Grauen nicht erfroren bist?«

»Bin nicht dazu gekommen, Mütterchen«, erwiderte Swertschok geistesabwesend, während er in den Schnittabfällen auf der Werkbank etwas suchte.

Der fröhliche Hof

I

Die Mutter von Jegor Minajew, dem Ofensetzer aus Paschen, war vom Hunger so ausgemergelt, daß sie von den Nachbarn nicht Anissja, sondern *Uchwat*, Ofengabel, gerufen wurde. Auch ihrem Hof hatte man einen Spitznamen gegeben – er wurde spöttisch »der fröhliche Hof« genannt. Und sie war nicht gekränkt darüber. Sie verstand sehr gut, daß die Ärmlichkeit und der Schlendrian auf ihrem Hof, der ewige Hunger, ja selbst ihre bloße Existenz die Nachbarn aufbringen mußten.

Jegor war, wie man in Paschen sagte, ganz nach Miron geraten, seinem verstorbenen Vater: Er war genauso ein Schwätzer, ein Schandmaul und ein Raucher wie Miron, nur umgänglicher vom Charakter her.

»Als Nachbar ist er tadellos«, sagte man über ihn, »ein guter Ofensetzer ist er auch, aber er ist ein Narr, ein fideles Haus, kommt auf keinen grünen Zweig.«

Jegors Einkünfte waren immer schlecht gewesen, seine Parzelle kam seit jeher nicht aus dem Verpachten heraus. Seine riesige, wuchtige Kate verfaulte und verfiel von Jahr zu Jahr mehr, weil niemand nach dem Rechten sah. Jegor freilich dachte, er würde sich darum kümmern: Einmal schleppte er wer weiß woher eine große Zielscheibe für Soldaten an – es war ein mit schwarzer Farbe auf einem Bogen weißen Papiers aufgedruckter Körper mit geschultertem Gewehr, schräg aufgesetzter Schirmmütze und stumpfsinnig aufgerissenen Augen – und pappte sie von außen an den schiefen Fensterpfeiler, auf die morschen Balken. Aber das Dach ausbessern, die Fugen abdichten, den Ofen neu setzen, den Rauchfang reinigen – darauf wäre er im Traum nicht gekommen, und so hätten im Winter selbst Wölfe im Haus erfrieren können: In sämtlichen Ecken wuchsen Schneesäume. Schon längst hätten die wohlmeinenden Nachbarn das alles am liebsten Balken für Balken weggeschleppt. Doch Anissja ließ das nicht zu.

Jegor war weißblond, zottig, nicht groß, aber breit, mit einer hohen Brust. Er lief in einer schäbigen, mit der Zeit hellblau und vom Schweiß schwer gewordenen Gymnasiastenmütze herum und trug ein Hanfhemd mit einem angesetzten, eingerollten Kragen, ausgeleierte, an den Knien durchgescheuerte und ausgebeulte Hosen und von Kalk verbrannte Bastschuhe. Er hatte höchst merkwürdige Angewohnheiten: So liebte er den Geschmack von Wodka ebenso wie den Moment, wenn es ihm »ein bißchen schwummrig« und »benebelt« im Kopf wurde, aber ebensosehr liebte er Süßes, Milchsuppe mit Nudeln oder Pfefferkuchen; wenn er für die Kaufleute oder für die Herrschaft arbeitete, freundete er sich stets mit den jungen Herren an, erzählte ihnen unanständige Märchen vom Popen und seiner Frau und ihrem Liebhaber, dem Knecht, er prahlte gewaltig mit seinem Draufgängertum bei den Weibern, spielte den schrecklichen Wüstling, versprach, sie zu verkuppeln, und zwang sie dafür, Zucker, Papirossy und Weißbrot aus dem Haus zu stehlen. Überhaupt schwadronierte Jegor allerorts viel und überflüssig herum, er zog fortwährend an seiner Pfeife und mußte dabei immer so gequält und angestrengt husten, daß ihm die Tränen kamen; wenn er sich ausgehustet hatte, keuchte er, mit seinen verquollenen Augen funkelnd, noch lange vor sich hin und hob und senkte dabei die Brust. Der Husten kam vom Tabak – das Rauchen hatte er im achten Lebensjahr angefangen – und das Keuchen von der Lungenerweiterung, und wenn er atmete, zeigte sich im länglichen Schlitz des Kragens immer ein Streifen Sonnenbräune, der sich von der Totenblässe des Körpers scharf abhob. Seine Hände waren mißgestaltet, der Daumen an der rechten Hand erinnerte an einen abgefrorenen Stumpf, der Daumennagel an eine Tierkralle: Zeigefinger und Mittelfinger waren kürzer als der Ringfinger und der kleine Finger und hatten nur je ein Gelenk. Aber mit diesen steifen Stümpfchen preßte er geschickt die Asche in der schmatzenden Pfeife zusammen, hustete dann krampfartig, aber gleichsam voller Behagen: »Ch-ch, was gibt denn das?«, riß, wenn er ausgehustet hatte, die tränenden Augen auf und schwatzte unbekümmert daher, was ihm gerade in den Sinn kam. Krächzend, schmuddlig und in allerlei Lastern gewieft, wirkte er mit seinen dreißig Jahren eher wie ein fünfundvierzigjähriger Kerl. Wenn man ihn so sah, konnte man nicht glauben, daß ein Krächz- und Schandmaul wie er überhaupt eine Mutter hatte. Man konnte nicht glauben, daß Anissja seine Mutter war.

Es war auch kaum zu glauben. Er war weißblond und breit, sie war ausgemergelt, schmal und dunkel wie eine Mumie; der abgetragene, schwarzgrüne Rock schlotterte um ihre dünnen, langen Beine. Er zog seine Schuhe nie aus, sie ging immer barfuß. Er war ständig krank, sie war ihr Lebtag kein einziges Mal krank gewesen. Er war ein Schwätzer, manchmal feige, manchmal, je nachdem, mit wem, mutig und frech, sie war schweigsam, ruhig und ergeben. Er trieb sich herum, liebte das Volk, Gespräche und den Schnaps, dies und das, Hauptsache, der Tag ging herum. Ihr Leben hingegen verlief in ewiger Einsamkeit, im Sitzen auf der Bank, im unaufhörlichen Gefühl der dauernden Leere im Magen und dem unablässigen Kummer, mit dem sie sich schon abgefunden hatte: »Die Erde hat mich arme Sünderin vergessen!« Dieses Vergessen wurde nach Anissjas Meinung einzig und allein gerechtfertigt durch die Notwendigkeit, Jegor die Kate zu erhalten und zu bewahren: Immer dachte sie, wer weiß, er ist nicht mehr jung, vielleicht besinnt er sich und heiratet. Sanft und süß benebelten die Träume von diesem unerfüllbaren Glück ihr den Kopf. Er aber versicherte ein ums andere Mal: »Ich heirate nie! Jetzt bin ich ein freier Kosake, aber wenn man heiratet, kann man sich um die Frau kümmern! Daß sie der Teufel hole!« Weder Familie noch Eigentum oder Heimat galt ihm etwas.

Sich irgendwo eine Arbeit zu suchen oder zu verdingen, daran hinderte Anissja nicht nur das Haus, sondern auch das Übel, daß sie sehr schwach war und obendrein nur noch ein Auge hatte. Viele Jahre lang war auf ihrer Bank – auf der Bank, wo sie so viele lange Tage verbrachte – ein alter, schwarzgoldener Hahn umherstolziert: Während sie versonnen dasaß, die Wange in die dünne Hand gestützt, die langen, grauen, vor Kälte und Schmutz ganz hart gewordenen Füße unter der Bank gekreuzt, ging er gravitätisch auf und ab und pickte mit dem Schnabel auf den angelaufenen, aus einzelnen Scherben zusammengesetzten Fensterscheiben nach Fliegen. Eines Tages reckte sie sich zum Fenster – jemand fuhr bimmelnd durchs Dorf –, und da pickte der Hahn ihr ins linke Auge. Das Auge lief aus, die eingefallenen Lider zogen sich zusammen, und es war nur noch ein grauer Spalt übrig. Die Buben ließen der einäugigen Alten keine Ruhe: »Einäugige Hexe! Einäugige Hexe!« Aber die Alte ertrug ergeben das Geschrei der Buben und ihren eigenen Schmerz. Ihr einziger Kummer war, daß die Enkel Angst vor ihr haben könnten, wenn Jegor heiraten würde.

Früher hatte sie im Gemüsegarten Hanf gesät, den Hanf gebrochen und gehechelt: Das warf immer etwas ab. Aber Jegor hatte auch den Gemüsegarten verpachtet. Früher hatte sie sich noch im Tagelohn verdingen können – bei dem kleinen Gutsbesitzer Panajew, ungefähr eine Werst von Paschen entfernt. Aber die Mägde nahmen ihr das übel – »Die alte Hexe schnappt uns die

Arbeit weg!« –, sie verleumdeten sie beim Kommis, sie würde in ihrer Blindheit alles fallen lassen, und stopften ihr heimlich Äpfel, die sie aus dem herrschaftlichen Garten gestohlen hatten, in das Tuch, in dem sie, wenn sie zur Arbeit ging, ihr Frühstück einwickelte – einen Kanten altbackenen Brotes. Um ihnen in nichts nachzustehen, um ihre Munterkeit und ihre Kraft zu beweisen, stimmte sie beherzt ein in die Lieder, die sie sangen, wenn sie des Abends vom Dreschplatz oder vom Feld zurückkehrten, sie stampfte mit den Füßen auf und kicherte, wenn der Kommis, nachdem er die Belege ausgestellt hatte, die Mägde mit der Harmonika ermunterte und die Mägde dahinschwebten, herumsprangen und Scherzworte und Märchen vortrugen. Aber einmal kam Jegor auf Panajews Hof und blickte spöttisch und mit verquollenen Augen auf seine Mutter, die mit den Beinen aufstampfte und zur allgemeinen Belustigung heiser sang: »Stutzschwänzchen zwick mich ...!« Seitdem hatte sie aufgehört, sich als Tagelöhnerin zu verdingen.

Geheiratet hatte Anissja früh, und früh war sie allein auf der Welt geblieben: Schon längst waren auf dem Kirchhof des Weilers Snamenje ihr Väterchen und ihr Mütterchen verwest, und nicht nur sie, sondern wohl auch ihre Brettersärge und Kalikohüllen, ihre Bastschuhe und Hanfhemden. Anissja hatte in ihrer Jugend niemanden gehabt, den sie lieben konnte. Aber nicht lieben konnte sie auch nicht. Aus einer unbewußten Bereitschaft heraus, jemandem ihre Seele hinzugeben, heiratete sie Miron – auch er ein Ofensetzer, ein freigelassener Knecht – und liebte ihn lange und geduldig, obwohl er ihr kurz nach der Hochzeit eine Tracht Prügel verabreicht hatte, woraufhin sie eine Fehlgeburt erlitt und ihr die Möglichkeit, ihre Liebe eigenen Kindern zu geben, lange versagt blieb. Miron trank nicht oft, aber im Rausch er war grausam und rabiat. Man kennt das: Nüchtern konnte er niemandem ein Haar krümmen, aber betrunken war es nicht auszuhalten mit ihm. Dann schlug er Fensterscheiben ein, randalierte und rannte mit dem Knüppel hinter Frau und Sohn her. »Na, bei Minajews ist mal wieder Kirchenprozession!« sagten dann die Nachbarn und freuten sich über das Spektakel. »Ein fröhlicher Hof, wahrhaftig!« Einmal verkroch sie sich im herrschaftlichen Haus, bei den Panajews – er hatte keine Hemmungen, ihr auch dahin zu folgen: Er paßte sie im Flur ab, rannte sie über den Haufen und schleifte sie am Zopf über die Vortreppe und zum Tor hinaus. Manchmal zog er sie nackt aus, stülpte ihr ein Kummet über den Hals, jagte sie durch den Flur und peitschte unbarmherzig auf sie ein. Und wenn er dann ausgenüchtert war und widerstrebend um Verzeihung bat, gab sie einem freundlichen Wort schnell nach und sagte nur leise unter Tränen: »Ach, die Leute werden über dich lachen, wenn du mich zum Krüppel schlägst!«

Und doch erschien Anissja nach Mirons Tod selbst diese Vergangenheit als Glück. Ja, früher war sie jung, hatte ein Familienleben und eine Wirtschaft; sie hatte einen Mann, Kinder, ihre Freuden und Nöte – alles wie bei anderen Leuten auch. Aus Schüchternheit prahlte sie nicht mit ihrer Vergangenheit, drängte niemandem ein Gespräch darüber auf. Vor zwanzig Jahren war Miron am Fest der vierzig Märtyrer erfroren – er war betrunken und hatte sich aus heiterem Himmel einem fremden Wagenzug nach Liwny angeschlossen –, und sie verbrachte viele schlaflose Nächte in der dunklen Kate auf der Bank an der Tür, in Erinnerungen und Gedanken versunken; aber niemand erfuhr ihre Gedanken. Alle Kinder beweinte sie mit bitteren Tränen, doch sie beweinte sie insgeheim, einsam und allein, und nur ganz selten sprach sie mit anderen Leuten über sie. Die Armut, die ihren Hof völlig verfallen ließ, zwang sie häufig, vor den Nachbarn einen Bückling zu machen und sie um des Sohnes willen, der jetzt Halbwaise war, um Hilfe zu bitten, solange er noch klein war; doch niemals maßte sie sich an, die Menschen daran zu erinnern, daß auch sie ihnen früher geholfen hatte. Und schließlich mochte niemand in Paschen mehr glauben, daß sie früher einmal wie ein anständiger Mensch gelebt hatte. Sie hatte immer gehofft, wenigstens im Alter ausruhen zu können, bei ihrem Sohn. Er war ein gutmütiger Kerl – unverschämt und aufbrausend nur mit Worten, nicht so wie sein verstorbener Vater. Er hat goldene Hände, sagte sie immer, wir hätten wer weiß wie leben können, hätte er nicht sein Zuhause im Stich gelassen! Aber ihm war langweilig in Paschen – er war viel Volk gewöhnt, die Stadt. Nun ja, und ein Haus von ferne zu unterhalten – das macht ein arbeitender Mensch bekanntlich nicht gerne ...

»Arbeiter! Ein schöner Arbeiter!« widersprachen die Nachbarn empört. »Ein Tagedieb ist er, weiter nichts.«

Und Anissja verstummte, entweder weil sie zustimmte oder weil sie sich ihre eigenen Gedanken machte. Ihre Lippen waren zusammengepreßt, ihre Miene ergeben. Und der Kopf drehte sich wie üblich vor Hunger.

Diesen Winter hatte Jegor sogar Paschen zum Staunen gebracht: Alles hätte man von ihm erwartet, aber nicht, daß er plötzlich seine Sache hinwerfen und aus heiterem Himmel – genau wie damals Miron hinter dem fremden Wagenzug her – fort und zum Gespött aller als Grubenräumer nach Moskau gehen würde. Doch auch in Moskau blieb er nur kurze Zeit. Mitunter dachte Anissja, die von der Nachricht seines Weggangs bis ins Mark getroffen war, Jegor sei vielleicht wegen ihrer ewigen Hungerei gegangen, wegen eines guten Verdienstes und mit dem heimlichen Ziel, sein Leben zu verbessern. Doch plötzlich war er wieder da – abgerissen, ohne eine Kopeke; er übernachtete drei Nächte zu Hause, brachte aber weder den Nachbarn noch der Mutter gegenüber drei vernünftige Worte heraus und war zwar nicht niedergeschlagen, aber irgendwie geistesabwesend; er konnte nicht einmal ordentlich erklären, was er in Moskau getrieben hatte, sagte bloß: »Ist das denn so schlimm?« – und verschwand aufs Neue. Sie träumte daraufhin zwei Nächte hintereinander, daß er sich aufgehängt hätte, und ihre Lippen wurden schwarz vor Kummer …

Im Mai verdingte Jegor sich wieder – als Wächter für Lanskoje, den Wald des Gutsbesitzers Gurjew, ungefähr fünfzehn Werst von Paschen entfernt. Lanskoje war einige Jahre zuvor abgeholzt worden, man hätte eigentlich keinen Wächter einstellen müssen. Aber Gurjew überlegte hin und her und stellte schließlich Jegor ein: Manchmal hatte er einen Anfall von Sparsamkeit. Die Bauern schlugen mitunter ohne Sinn und Notwendigkeit Holz im Buschwerk von Lanskoje. »Und Jegor«, so dachte Gurjew, »ist ein aufgeweckter Kerl und mir anscheinend treu ergeben, was natürlich begreiflich ist: Immerhin war Miron früher Knecht in Gurjewo.« Allerdings gab man Jegor nicht viel: Nur seine Verpflegungsration und drei Rubel im Monat. Aber was sind drei Rubel für einen alleinstehenden Mann? Man muß dieses kaufen, jenes kaufen … nicht einmal für Streichhölzer reicht es: Ist man im Dorf, geht man alle Augenblicke bald in diese, bald in jene Kate, und wenn man dann ein Weilchen gesessen und anstandshalber einen Schwatz gehalten hat, öffnet man die Ofenklappe und kriecht bis zum Gürtel in den Ofen – auf der Suche nach heißen Kohlestückchen in der Asche … Nachdem Jegor sich verdingt hatte, hörte er ganz auf, seine Mutter zu unterstützen.

An den Petrifasten, als sie die letzte Kruste eines mühsam ergatterten Brotkantens gegessen hatte, entschloß sie sich schließlich, Lanskoje aufzusuchen, um den Sohn wiederzusehen, ihn zu besuchen, und vor allem, um ein wenig zu Kräften zu kommen. Sie war sehr sparsam mit dem Brot umgegangen und nun sehr schwach geworden. Sie war immer über die Maßen schläfrig, es flimmerte ihr vor den Augen, es klingelte ihr in den Ohren; die Beine begannen anzuschwellen, und hartnäckig verfolgte sie der Wunschtraum, etwas Warmes, Salziges zu essen. Sie fürchtete sich zu sagen: Ich gehe. Doch dann kamen zwei Frauen aus Kamenka vorbei und rieten ihr zu, versuchten sie zu überzeugen, überredeten sie. Sie waren hereingekommen, um ihren Durst zu löschen – eine Alte und eine Junge; sie hatten die Zielscheibe außen an der großen, schwarzen Kate, deren Tür halb offenstand, bestaunt und waren eingetreten. Sie waren nach Gurjewo gekommen, um eine Gedenkfeier für einen Toten abzuhalten: In Kamenka war der Pope krank und las keinen Gottesdienst. Der Tote war der Sohn der Alten und der Ehemann der Jungen gewesen. Und sie alle drei brachen in Klagen aus und redeten über ihr Frauenschicksal, über ihre Männer und Söhne. Die Junge – eine stattliche Frau mit breitem, blassem Gesicht und großen, hervorquellenden grauen Augen, gut und adrett gekleidet, angetan mit einem neuen, hinten in Falten gelegten Mieder aus braunem Tuchstoff, einem roten Wollrock und Halbstiefeln, um den Hals ein schwarzes, mit weißen Knöpfen verziertes Samtband –, die Junge schwieg die ganze Zeit. Die Alte, ein dürres, reinliches Weib in weichen Überschuhen wie eine Pilgerin, redete, erschöpft und lebhaft zugleich, in einem fort, während die Junge die ganze Zeit über nur einmal, schlicht und bedächtig, ein Wort einflocht:

Als die Alte stockte, weil sie die Stadt vergessen hatte, in der man ihren jüngeren Sohn zu den Soldaten gesteckt hatte.

»Vor drei Wochen haben wir ihn begraben, meine Liebe«, sagte die Alte freundlich zu Anissja, die sich ihrer Blässe und Schwäche wegen ein bißchen genierte. »Er war in die Stadt gefahren, war bester Dinge, aber als er nach Hause kam und die Pferde auf die Nachtweide bringen wollte, kam er nicht weiter als bis auf zwei Desjatinen vor Schtschedrins Vorwerk – wir treiben das Vieh immer über Schtschedrins Feld –, da ist er umgekehrt. Ich komme mit Leintüchern herein und sehe, er liegt auf dem Ofen und hat sich mit dem Halbpelz zugedeckt. Ich sage zu ihm: ›Tischa, was liegst du denn da?‹ ›Ich sterbe, Mama, ich bin krank‹, sagt er. ›Wie ich gestern zur Nachtweide wollte, kam ich bloß bis zwei Desjatinen vor der Schtschedriner Grenze – da packte mich ein kalter Schauer, ein Schüttelfrost, ich bin kaum nach Hause gekommen, die Beine sind mir eingeknickt …‹«

Anissja seufzte, und eine Träne trat ihr in die Augen. »Ist das Kind auch schief und krumm, eine Mutter liebt es drum«, dachte sie und seufzte in bekümmerter Zärtlichkeit für den Sohn. »Ich gehe zu ihm, komme es, wie es kommen mag, hoffentlich bin ich ihm nicht fremd.« Die Alte erzählte weiter und rieb sich mit ihren dürren, harten Fingern die Ecken ihrer schmalen, faltigen, gekräuselten Lippen.

»Was sollte ich machen, meine Liebe? Ich gab ihm zwei Hostien, die eine, damit er gesund wird, die andere, damit seine Seele Frieden findet. Iß die, mein Sohn, sage ich, vielleicht wird es dann besser. Am dritten Tag ruft er mich: ›Mama, ein schöner Tag ist heute, bringt mich nach draußen, hier in der Kate ist die Luft so schwer.‹ Wir brachten ihn auf den Dreschplatz, setzten ihn ins Stroh und gingen nur für einen Moment weg, das Schaf scheren. Kurz darauf kommen wir wieder, und er sitzt da, der Kopf hängt ihm runter, und er atmet kaum noch: Vorher war sein Gesicht rot wie Tuch gewesen, aber jetzt wurde es von der Stirn her schon ganz bleich. Wir wollten ihn aufsetzen, aber er war schon gestorben. Er hat nicht mehr auf uns gewartet ...«

Anissja überlegte. Bewegt von dem Gespräch und ergriffen von mütterlicher Zärtlichkeit und mütterlichem Kummer, begann sie sich mit den beiden Frauen zu beraten, was sie tun solle: Hingehen oder nicht? Und wenn, sollte sie dann nicht besser Vernunft walten lassen: ihn also nicht nur besuchen, sondern den ganzen Sommer über bei ihm bleiben? Es hieß doch, er bekäme jetzt eine Verpflegungsration, und davon könnte sie sich wohl auch ernähren – sie würde ihn schon nicht arm essen, viel bräuchte sie ja nicht ... Die Alte sagte:

»Tja, was soll ich sagen? Man weiß nicht, was besser ist, meine Liebe. Mein Tichon ist da kein Beispiel für andere. Er war so gesetzt, so vernünftig und überlegt wie sonst niemand auf der Welt! Und wenn man sich so umhört – wahrhaftig, heutzutage sind die Söhne ganz anders, kein Vergleich mit meinem, treulos sind sie ... Aber ich würde trotzdem hingehen. Mein Rat ist: Geh!«

»Er kann nicht anders, er muß doch seine Mutter ernähren«, setzte die Junge hinzu.

Das munterte Anissja ein wenig auf.

»Nun, dann gehe ich also«, sagte sie zögernd. »Schließlich ist er nur etwas trübsinnig, aber niemand kann etwas Schlechtes über ihn sagen – er ist kein Raufbold und kein Säufer. Er hockt einfach nicht gerne zu Hause … Aber ich habe immer Hunger, und die Langeweile frißt mich auf. Manchmal denke ich, wenn er wenigstens krank würde, dann wäre er immerhin zu Hause … Er ist ein gutmütiger Kerl, aber er ist natürlich ein Arbeiter und ist empfindlich. Ich habe eine Seele, er hat eine andere. Dann wieder denke ich, vielleicht komme ich hin und er ist beleidigt, schimpft mit mir, wird ausfällig … Aber trotzdem, offenbar bleibt mir nichts anderes übrig als zu gehen …«

Nachdem sie die beiden Frauen zur Tür gebracht hatte, ließ sie lange ihre Blicke durch die leere Kate schweifen: Gab es nichts, was man verkaufen könnte? Aber ihr ganzer Reichtum bestand aus einem alten Kasten, in dem sich Jegors einziges Geschenk befand – ein Tuch aus dem Klosterladen in Sadonsk, ein großes, weißes Kalikotuch, übersät mit schwarzen Schädeln, über Kreuz gelegten schwarzen Knochen und schwarzen Buchstaben: »Heiliger Gott, heiliger starker …« Es wäre Sünd und Schande, so ein Teil zu verkaufen, und ehrlich gesagt, wäre es auch schade darum: Jegor hatte ihr, als er betrunken war, das Tuch mit dem aufrichtigen Wunsch geschenkt, seiner Mutter eine Freude zu machen … Na ja, Jegor war schließlich selbst schuld, überlegte sie, er hatte seine Mutter vergessen und sie zum Äußersten getrieben. Aber Gott ist gnädig, Er sieht die Not: Man würde sie auch ohne Tuch begraben, und mit einer armen Alten würde man im Jenseits ein Einsehen haben … Also ging sie, um das Tuch zu verkaufen. Paschen liegt versunken in Getreide und Weidengebüsch. Nur das Ziegelhaus des reichen Abakumow ist weithin zu sehen. Es steht auf einem Fundament, hat ein Dach aus Eisenblech und einen Vorgarten mit buntem Pappelkraut. Es war ein Sonntag, als Anissja zu Abakumow kam. Der nahm das Tuch mit seinen Tatarenäuglein aufmerksam unter die Lupe und rief seine Mutter, eine finstere, dicke, aufgeschwemmte Alte in Wattejacke und Filzstiefeln.

»Was willst du dafür haben?« fragte die Alte unfreundlich, als sie langsam und gebückt aus der Kate trat und mißtrauisch über die Vortreppe blickte.

Anissja schwante nichts Gutes, aber sie pries das Tuch an, zeigte es von der besten Seite – sie legte es sich um die Schultern und stolzierte damit auf und ab. Abakumow überlegte ein Weilchen und bot dann »zwei Adler« – ein Zehnkopekenstück; dann grinste er und legte noch ein Fünfkopekenstück drauf – »aus Höflichkeit«. Anissja schüttelte den Kopf und ging nach Hause, ohne das Tuch abzulegen. Zu Hause saß sie in dieser Trauertracht auf der Bank, besah sich mit ihrem einen Auge ausgiebig die Enden des Tuches und überlegte etwas. Dann stützte sie die Ellbogen auf den Tisch und konnte nicht mehr denken, sondern nur noch dem Klingeln in ihren Ohren lauschen … In den Tischfugen hatte sich noch von früher her eine Menge Hirsekörner gesammelt. Sie stocherte in den Fugen, scharrte eine halbe Handvoll Hirse zusammen und aß sie. Dann verwahrte sie das Tuch wieder im Kasten und legte sich schlafen …

Ja, die beiden Frauen haben ganz recht, dachte sie, ich komme nicht darum herum, ich muß gehen. Ihre Lippen waren trocken, der Kopf klingelte und brannte, das Herz stockte, und von Zeit zu Zeit stieg ihr Übelkeit in die Kehle. Obwohl es noch nicht richtig dunkel war, legte sie sich auf die große, nackte Holzbank neben dem großen, rissigen und seit ewigen Zeiten nicht geheizten Ofen, schlief auf der Stelle ein – und erwachte plötzlich mit einem so klaren Kopf, mit einer so stechenden, unbegreiflichen und unheildrohenden Schwermut, daß sie erschrocken und mit pochendem Herzen auffuhr. Ach, nicht ums Weggehen, nein – ums Sterben würde sie nicht herumkommen! Sie setzte sich auf und starrte in die Dunkelheit. Einen Moment lang stand ihr mit seltener Lebhaftigkeit ihr früheres, weit zurückliegendes Leben vor Augen … die Kinder, Miron, die Wirtschaft … ein regnerischer Sommer, die beiden weißen Lämmchen, die sie von ihrem eigenen Geld gekauft und die Miron erbarmungslos versoffen hatte … die gescheckte Stute, der sechsjährige Jegorka, der kühle, goldene Abend, an dem er diese Stute zur Tränke am Teich führte … Doch dann trübte sich ihr Kopf wieder, und auch die unbegreifliche, entsetzliche Schwermut im Herzen trübte sich. Sie mußte sich hinlegen, sie mußte bald einschlafen, sonst würde sie es nicht schaffen; sie mußte frühzeitig aufbrechen, durfte beim Weggehen nicht vergessen, den Kasten zu verschließen und den Schornstein zu verstopfen, falls es ein Gewitter gäbe …

Die ganze Nacht ging ihr im Halbschlaf etwas Beunruhigendes durch den Kopf und ließ ihr keine Ruhe, sie zuckte fortwährend mit den Beinen – die von den Flöhen zerbissen, von den Fliegen zerstochen wurden – und schlief erst gegen Morgen fest ein. Als sie erwachte, war es schon ganz hell, und sie empfand eine schmerzliche Freude über den Tag, darüber, daß sie lebte und nach Lanskoje gehen, daß sie ein neues und vielleicht gutes Leben beginnen würde … Gott ist gnädig – sich auf der Welt zu wissen, unter Menschen, den Morgen zu sehen, den Sohn zu lieben, zu ihm zu gehen, das war Glück, ein süßes Glück … Während sie aufstand, die Pferdedecke, die ihr als Kissen diente, zusammenrollte und in den Kasten räumte und ihren Blick durch die Kate schweifen ließ – ob nicht vielleicht noch etwas wegzuräumen war –, ließ diese Ergriffenheit nach, aber dennoch wollte sie gehen, unbedingt sogar. Von innen verbarrikadierte sie die Tür zum Flur mit einer einzackigen Ofengabel, die sie in den Boden rammte, dann holte sie einen mit Spatzendreck beschmutzten Stecken aus der Ecke und kletterte über die eingesackte Mauer … Auf der grünen Viehweide, nahe bei dem Teich, auf den die Gänse des Kommis zuwatschelten, waren lange, graue Streifen Leinwand zum Bleichen ausgelegt. Maschka Bytschok, ein sommersprossiges, kräftiges Mädchen, die auf jeder Seite des Schulterjochs eine zusammengerollte, nasse, schwere Leinwand aufgetürmt hatte, kam ihr entgegen, von einer Seite zur anderen schwankend und ihre weißen, kräftigen Füße mit kleinen Schritten auf das Grün aufsetzend. Anissja dachte: Gott sei Dank, ein volles Joch, das ist ein gutes Zeichen …

Den ganzen Mai und den ganzen Juni über hatte es immer wieder geregnet. Getreide und Gras standen in diesem Jahr prächtig. Anissja, die mit ihren mageren Beinen und ihrem Bauernrock über die mit Gras und Blumen überwucherten Feldraine stolperte und mit ihrem Stock die Streifen zwischen Roggen, Hafer und Buchweizen abmaß, freute sich aus Gewohnheit über die Ernte, obwohl sie schon seit langem keinerlei Vorteil mehr davon hatte. Es war heller Tag, der Wind blies von Süden. Der Roggen stand dicht und hoch, er wogte, kräuselte sich und glänzte wie kostbarer Marderpelz; nur hier und da leuchteten dunkelblaue Kornblumen darin. Der Hafer reckte seine mattsilbrigen Rispen auf den fetten, glänzenden Halmen empor. Die blühenden Buchweizenäcker leuchteten milchigrosa. Der Tag war bewölkt, es blies ein milder, aber kräftiger Wind – er lullte die schläfrig im strauchigen Buschwerk des Buchweizens summenden Bienen ein, störte sie, verwirrte sie und wehte ab und an den Geruch von gewärmtem Honig herbei. Sei es vom Wind, sei es von diesem Geruch, jedenfalls wurde Anissja matt und schwindlig im Kopf. Sie ging über die Feldraine und die schmalen Pfade zwischen den Feldern, um den Weg abzukürzen, doch als die Talsenke bei den Panajews hinter ihr lag und sie auf den gegenüberliegenden Hügel stieg, kam sie hinaus auf das freie Feld, wo man weithin sehen konnte – bis hin zur Bahnstation und zum Getreidespeicher am Horizont –, und sie erkannte, daß sie einen Umweg gemacht hatte.

»Der Herr schickt Segen«, dachte sie mechanisch und ließ erschöpft ihren Blick über das Getreide schweifen. »Ach, ich schaffe es nicht, ich bin zäh, aber vor Hunger bin ich schon blind!«

Seit sie das Haus verlassen hatte, fühlte sie, daß sie vor allem über eines nachdenken mußte: War Jegor wohl zu Hause, würde sie ihn antreffen? Doch sie wurde ständig abgelenkt und konnte die Gedanken nicht beisammenhalten. Gerade liefen zwei Turteltauben etwa zehn Schritt voneinander entfernt auf dem schiefergrauen Weg vor ihr in gerader Linie hastig hintereinander her und störten sie beim Nachdenken. Sie schaute lange und aufmerksam hin und erkannte erst, als sie aufflogen, was das war: Die Turteltauben hatten genau die gleiche Farbe wie der Weg, nur ihre Rücken schillerten preiselbeerfarben. Sie trippelten weiblich anmutig, erhoben sich beschwingt in die Luft, die grauen, weiß gesäumten Schwänze gespreizt, ließen sich wieder herunter und liefen wieder los. Anissjas Seele war noch von der morgendlichen Rührung erfüllt, doch wieder wurde sie von einem todtraurigen Vorgefühl gestreift. Sie schwenkte ihren Stock in Richtung der Turteltauben: Ein leichtes Flügelschwirren flatterte auf, doch es verging keine Minute, bis sie die Turteltauben wieder flink und eintönig vor sich herlaufen sah. Sie plagten und ermüdeten sie, aber sie rührten sie auch durch ihre Schönheit, ihre Unbekümmertheit und ihre zärtliche Anhänglichkeit füreinander. Wie alt war ihr schwarzgrüner karierter Bauernrock, das schmutzige, an ihrem ausgezehrten Körper zerfallene Hemd, das dunkle, gelb getüpfelte Tuch? Alter, Magerkeit und Kummer paßten so gar nicht zur Schönheit der Turteltauben, der Blumen und der fruchtbaren, grünen Erde, die sie, die bettelarme alte Frau, vergessen hatte – und sie empfand das schmerzlich. Wieder schwenkte sie linkisch und zaghaft ihren Stock in Richtung der Turteltauben. Die Turteltauben flogen auf, und sie blieb eine Weile stehen und wartete, bis sie verschwunden waren …

Sie war guten Mutes, aber allmählich wurde sie schläfrig. Auf dem von Rädern festgefahrenen Feldweg war es leichter zu gehen als auf dem weichen Feldrain, und mit bloßen Füßen auf den warmen Boden aufzutreten war angenehm. Am Horizont drehten Windmühlen in einem fort ihre Flügel. Wenn man genauer hinschaute, verschwanden sie, wenn man sich abwandte, fingen sie wieder an … Und wenn man das Auge in den Wolkenhimmel hob – dann schwamm da ein gläsernes Würmchen, es schwammen winzige gläserne Fliegen, und man konnte sie einfach nicht fangen, nicht an Ort und Stelle halten: Kaum hielt man den Blick still, schlüpfte das Würmchen auch schon weg – es schwamm wieder nach oben, glitt höher, und die winzigen Fliegen wurden immer mehr und mehr … Sie verlangsamte ihren Schritt und schöpfte Atem: »Ach, ich schaffe es nicht, bei aller Zähigkeit! Ich muß langsamer gehen …« Und wieder ging sie, und wieder begann sie, ohne es zu bemerken, sich zu beeilen. Sie war wahrhaftig zäh! Wenn sie jetzt schlafen könnte, einfach am Boden liegen und schlafen, aber sie … »Was ist dein Ziel, Alte?« hatte Vater Wassili sie in der Karwoche gefragt. »Ich nehme, was kommt, Väterchen«, hatte sie demütig geantwortet. Vielleicht hatte er deshalb gefragt, weil sie schon zu lange lebte? Vielleicht war er auch beleidigt, weil sie ihm nichts gegeben hatte – vielleicht würde er sie nicht zum Abendmahl zulassen? Sie mußte unbedingt zum Abendmahl gehen – sobald sie einigermaßen wiederhergestellt wäre, würde sie gehen … Am Ende wäre es zu spät, sie war schließlich nicht mehr jung!

Der warme Wind, der seitwärts von Süden her blies, wehte die Lieder der Lerchen und den Duft des Blütenstaubs über die Weite der graugrünen Ebenen. In einem weichen, satten, zarten Dunkelblau leuchteten ferne Dörfer und Haine. Dort rechts in weiter Ferne, jenseits von Feldern und Hügeln, sah man die Kirche von Snamenje, ihrem lang vergessenen Heimatdorf. Dort linker Hand, noch weiter weg, jenseits der Fluren des Worgol, lagen die armen Steppendörfer Kamenka, Suchie Brody und Rjabinki … Am Himmel bauschten sich gewaltige, aber luftige, bizarr geformte, lila-rauchgraue Wolken. Sie ballten sich an den Horizonten dunkelblau zusammen, und in nebelblauen Streifen fiel Regen aus ihnen nieder. Und die unsichtbaren Mühlen drehten selbst durch diese Streifen hindurch noch immer ihre Flügel … Sollte sie sich hinlegen, ein wenig schlummern? Aber nein, besser nicht: Nach dem Rasten ging und arbeitete es sich noch weit schwerer, das wußte sie sehr gut aus langer Erfahrung. Da kam jemand gefahren … Weiter vorn war eine Trojka aufgetaucht. Sie betrachtete das Gefährt und wurde wieder munter. Die Trojka, mit Kupferblechbeschlägen und mit teurem Sattelzeug geschmückt, kam langsam näher und hielt ihre Kraft spielerisch zurück. Das braune Deichselpferd ging mit hoch erhobenem Kopf im Schritt, die dunklen, nußbraunen Beipferde, die glänzenden Hälse gebeugt und die geblähten Nüstern fast am Boden, hatten sich angepaßt. Mit zusammengekniffenen Augen saß der junge Kutscher träge gegen die Rückwand der Kutsche gelehnt, in einer ärmellosen Samtweste, einem isabellfarbenem Hemd, einer städtischen Schirmmütze und in Wildlederhandschuhen … Irgendwie sahen solche glatten, herrschaftlichen Pferde besonders aus, irgendwie rochen solche Kutschen besonders appetitlich: nach weichem Leder, lackierten Kotflügeln und warmer, mit Staub vermischter Wagenschmiere … Dort begann schon das zinngrüne Erbsenfeld, das ebenfalls der Herrschaft gehörte. Anissja trat zurück auf den Feldrain, um die Trojka vorbeizulassen, schielte auf die Erbsen und folgte mit ihrem Blick der hohen Rückwand der Kutsche … Ach nein, die Erbsen hatten noch keine Schoten angesetzt. Sonst hätte sie sich rundum satt essen können – und keiner hätte es gesehen! Mit gerunzelter Stirn blickte Anissja zum Himmel, dahin, wo man hinter den helleren und wärmeren Wolken die Sonne erahnte: Der Kutscher fuhr sicher zum Ein-Uhr-Zug zur Bahnstation – bei den Leuten gab es jetzt Mittagessen …

Sie hatte die Windmühlen vergessen – die Windmühlen drehten die Flügel jetzt langsamer. Sie ging weiter und weiter; der Feldrain, ganz mit weißen Blumen überwuchert, lief ihr entgegen, die weißen Tüpfchen der Blumen flirrten. Irgendwo schimpften ein paar Weiber, vielstimmig, fröhlich – ihre hellen Stimmen redeten alle durcheinander. Sie konnte jede einzelne unterscheiden, lauschte sogar mit einem gewissen Vergnügen auf die unterschiedlichen Tonlagen, die schnellen Wortfolgen und Ausrufe. Aber Beachtung schenkte sie ihnen nicht – sie war es gewohnt, diese Stimmen zu hören, die es nicht gab! –, sie hing ihren eigenen Gedanken nach, dachte, was ihr gerade so einfiel, war aber immer noch nicht imstande, an Jegor zu denken: Bald dachte sie an das Mehl, das sie sich irgendwann einmal von jemandem geliehen und nicht zurückgegeben hatte, bald daran, daß bei der Nachbarin gestern ein Kalb den ganzen Saum eines Hemdes, das auf dem Flechtzaun hing, zerbissen hatte, bald an die Gänseküken in ihrem gelben Flaum, bald an ihren nahen Tod. Dieser Gedanke, der sie gestern so bestürzt hatte, war auch jetzt noch neu und eigenartig, aber er erschreckte sie nicht – andere Gedanken überdeckten ihn. Ja, der Teich in Paschen war winzig und schlammig, aber sieh mal an, wieviel Geflügel die Frau des Panajewer Kommis da züchtete! Der ganze Teichrand war voller Flaum und Federn. Froska, die Tochter von Awerka, der Bettlerin, hütete ihr Geflügel … Hätten sie besser an Froskas Stelle einen älteren, vernünftigen Menschen eingestellt! Dann müßte sie jetzt nicht nach Lanskoje gehen, und das Mädchen hätte sie zu sich nehmen können … Aber nein, es war ja kein Wunder. Dann hätte sie niemanden verprügeln können, eine alte Frau zu schlagen, da hätte sie sich geschämt … »Geschämt hätte sie sich, geschämt!« riefen die nicht existierenden Weiber laut. »Ich muß mich hinsetzen«, antwortete Anissja ihnen in Gedanken und wartete auf eine Stelle, die irgend jemand zum Ausruhen vorbestimmt hatte. Aber wer? Gott? »Nein, der Sohn, Jegor!« rief jemand. Sie zuckte zusammen, schüttelte den Kopf und verscheuchte die Schläfrigkeit …

Am Feldrain und in der Grabensenke unterhalb des Rains wuchsen allenthalben bunte Blumen. Als Anissja spürte, daß sie es nicht bis zur vorherbestimmten Stelle schaffen würde, setzte sie sich an der erstbesten Stelle hin. Die Weiber waren verstummt. »Gut!« dachte sie. Mit einem nachdenklichen, wehmütigen Lächeln begann sie, Blumen zu pflücken, sie hielt in ihrer dunklen, rauhen Hand einen großen, bunten Strauß, zart, wunderschön und duftend, und blickte sanft und traurig bald auf den Strauß, bald auf diese fruchtbare Erde, die nur ihr allein gegenüber gleichgültig war, auf die saftigen, üppigen, zinngrünen Erbsenstauden, um die sich die purpurrote Vogelwicke rankte. Die Weiber schwiegen, die Windmühlen waren verschwunden. Nun schwamm sie, sie schwamm durch die Luft wie das gläserne Würmchen. Dort in der Ferne, im Erbsenfeld, stand eine Laubhütte für den Wächter, sie war leer: Man könnte hineinkriechen und schlafen ... Der Wind trug das einlullende Trillern der Lerche über die Felder, der schiefergraue Weg verlief sich in der Steppe, ebenso wie der hohe, grüne Feldrain. Auf dem Rain wuchsen zumeist winzige, weiße Blumen. Aber auch Kamille gab es viel, goldenen Hahnenfuß, samtig-violette echte Bärentraube und himbeerroten Klee. Mit halbgeschlossenen Augen rupfte Anissja Grannen bald von der Bärentraube, bald vom Klee: Ihr war übel, ihre Lippen waren heiß, und an den Grannen hingen frische Tröpfchen bitteren Honigs. Plötzlich stockte ihr Herz – ein kalter Schauer überflutete ihren Kopf, ließ ihre Schultern erstarren und schmerzen und durchlief ihren ganzen Körper mit jener unheimlichen, gleichsam den Tod ankündigenden Welle von Übelkeit, wie sie den Menschen überrollt, wenn er sich auf einer Schaukel hoch in die Luft geschwungen hat, hinunterstürzt und in die Tiefe fliegt. Die Welle ebbte ab und wogte zurück, doch Anissja wurde vor Furcht schwarz vor Augen: Ach, du wirst doch nicht hier auf dem Feld sterben? Das käme zur Unzeit, es wäre unpassend und etwas anderes als in der Kate – viel schrecklicher! Anissja bezwang ihre Schwäche, sprang vom Feldrain auf, von der im feuchten Gras niedergedrückten Stelle, und fing beinahe an zu rennen.

Alles, was sie so betäubt hatte, war verflogen. Arme und Beine zitterten, so sehr wünschte sie sich, ihren Sohn zu sehen, ihm etwas zu sagen, zum Abschied das Kreuzzeichen über ihm zu schlagen ... Aber geht etwa je in Erfüllung, was man sich heftig und inbrünstig wünscht? Ihr ganzes Wesen wurde von einer Unruhe, einer Ungeduld gepackt, die ihr sogleich Kraft verlieh, aber mit der Ungeduld kam auch die Furcht, die Vorahnung: Nein, nie und nimmer wirst du ihn antreffen! Hinter dem Erbsenfeld begann Brachland. Bauern pflügten die Brache. Sie rief ihnen mit schwacher Stimme zu, ob es richtig sei, daß es links nach Gurjewo gehe und man nach Lanskoje rechts abbiegen müsse? »Das stimmt!« rief ein großer barfüßiger Alter, der unter seinem urtümlich-dichten Bart den Kragen seines langen Hemdes, dessen Futter an der Schulter vor Staub und Schweiß schwarz war, aufgeknöpft hatte. »Hast du nicht vielleicht etwas zu trinken, mein Bester?« Schwankend und in einer Ackerfurche strauchelnd hatte er unterdessen mit seinem Hakenpflug den Feldrain erreicht, wo er die glänzende Pflugschar an der Deichsel abschlug und stehenblieb. »Habe ich«, sagte er. Sie hob vom Feldrain einen Krug hoch, der mit einer Mütze abgedeckt war, neigte sich darüber und schielte auf die Füße des Alten.

Er sah furchterregend aus, wie ein Waldgeist oder ein Moorgespenst: ein unmenschlich breiter Rumpf, ein riesiger Kopf, grünlich-gelbe Zotteln, der Bart genauso, ein violettes Gesicht voller Sommersprossen und leuchtend grüne Augen, die unter den zottigen, dünnen Augenbrauen wild funkelten; seine Füße – von der Farbe roter Beete – erinnerten an eine Drillschar. Aber ein selten gutmütiger Mensch, das sah man gleich ... Sie löschte ihren Durst, wollte noch fragen, ob er vielleicht ein Stückchen Brot hätte – doch sie konnte es nicht, brachte es nicht über sich. Sie hatte auch gar keinen Hunger ...

Sie erinnerte sich jetzt an die Gegend. Bis Lanskoje waren es noch etwa zwei Werst, und sie ließ kein Auge von dem großen Baum, dessen Stamm zum Waldrand hin einsam weiß schimmerte in einem Meer von Weizen, der schon Ähren angesetzt hatte – eine alte Birke, deren Wipfel, malerisch gerundet und silbrig vom Wind, sich vor dem bewölkten, rauchgrauen Himmel abhob. Jenseits des Weizens, hinter der Birke, sah man silbriges Birkengesträuch – dunkelgrün. Es war eine Steppengegend, flach und scheinbar ganz abgelegen: Es gab nichts zu sehen außer Himmel und endlosem Gesträuch, wenn man nach Lanskoje ging. Der Boden war überall dicht überwuchert, aber hier herrschte geradezu undurchdringliches Dickicht. Das Gras stand hüfthoch; wo Buschwerk war, konnte man es mit der Sense nicht mehr mähen. Auch die Blumen standen hüfthoch. Vor lauter Blumen – weißen, hellblauen, rosaroten, gelben – flimmerte es einem vor Augen. Ganze Waldwiesen waren übersät mit Blumen, so schön, wie sie nur in Birkenwäldern wachsen. Wolken ballten sich zusammen, der Wind trug den Gesang von Lerchen herbei, der sich aber im unaufhörlichen, fortdauernden Rascheln und Rauschen verlor. Zwischen Buschwerk und Wurzelstökken war der überwucherte Weg kaum noch zu sehen. Es roch süß nach Gartenerdbeeren und bitter nach Walderdbeeren, nach Birke und Wermut. Anissja beeilte sich, stolperte und verhedderte sich in Blumen und Gräsern. Da war ja die Wächterhütte. Sie stand seitlich, die Innenmauer und die Pforte zum Weg hin gewandt. Früher hatte es einmal einen Flur gegeben, aber den hatte man abgebrochen. An der Pforte hing ein großes, rostiges Schloß … Bei seinem Anblick verzog Anissja plötzlich das Gesicht und brach in lautes Wehklagen aus.

Aber beim Laufen war das schwierig. Ihr Herz fing an zu pochen, ihr wurde heiß, und vor lauter Tränen konnte sie nichts sehen. So blieb sie stehen, aufschluchzend vor Mitleid mit sich selbst, und fuhr mit dem schmutzigen Ärmel durch ihr armes, geplagtes Gesicht … Ringsum nur Wermut, Kletten, Brennesseln, und in den Brennesseln eine ärmliche, winzige Kate ohne Dach. Aus den Kletten kam ein schwarzgrauer Hund gelaufen, mit grauen Barthaaren und großen, eitrigen Augen, mit gestutztem Schwanz und gestutzten, von Mücken und Schnaken blutig gestochenen Ohren. Er hatte die Stummelohren gespitzt, aufgestellt und fing dumpf an zu bellen – es war ein besonderes Waldgebell. Sie stand da und rührte sich nicht vom Fleck, taub vom

Pochen ihres eigenen Herzens. Der Hund sah sie an – und verstummte, wandte sich ab. Lange standen sie beide unentschlossen da: Er wußte nicht, ob er weiterbellen sollte, sie wußte nicht, ob sie näher herangehen konnte.

»Jegoruschka!« rief sie schwach.

Niemand antwortete. Der Hund überlegte und bellte noch einmal. Dann ließ er seine Stummelohren hängen – und sein Kopf wurde rund, gutmütig und bedauernswert. Mit seinem dicken, kurzen Schwanz wedelnd kam er auf Anissja zu, schnupperte an ihrem Bauernrock und sah ihr in die Augen. »Ach, du bist ja auch alt!« sagte sein Blick gleichgültig. »Wir haben beide nichts zu fressen … Und Jegor ist nicht da …« Der Hund lief ein Stück weiter, hob instinktiv das Hinterbein an einem Strauch mit kleinen, leuchtendgelben Blumen, machte aber nichts und legte sich aus Gewohnheit mit offener Schnauze auf den Boden, hechelte und schüttelte den Kopf, um eine an seinem Ohr klebende, zitronengelb und grau gemusterte Fliege loszuwerden. Und wieder wurde es eintönig, still und öde ringsum. Durch das Buschwerk fuhr silbriges Rauschen und Rascheln, monoton und kristallhell klang die Ammer darin, kläglich tschilpend flogen graue Drosseln von einer Stelle zur anderen, von einem Grashalm zum anderen, als suchten sie etwas und könnten es nicht finden. Inmitten von Bilsenkraut, Wermut, himbeerroten Kratzdisteln, wuchernden Kletten und üppigem, dunkelgrünem Brennesselgestrüpp ragte das windschiefe, nackte Oberteil eines eingefallenen Kellers hervor. Das Wächterhäuschen war ungewöhnlich klein und baufällig; statt des Dachs wuchs hohes, blaßsilbriges Unkraut aus der Decke empor.

Strauchelnd und weinend und durch die Kletten raschelnd, näherte Anissja sich der Pforte und tastete auf dem Querbalken oberhalb der Tür, ob dort nicht vielleicht der Schlüssel läge. Sie fand ihn nicht, aber da fiel ihr etwas ein: Sie bog den Bügel am Schloß zurück – es war natürlich nicht abgeschlossen –, zog am Türgriff und trat über die hohe Schwelle …

Essen – daran mochte sie nicht einmal denken. Alles schwamm, schwankte, sprach undeutlich und ungestüm auf sie ein. Mit Mühe und Not sah sie sich trotz allem um – und überzeugte sich, daß es nirgends auch nur eine einzige Brotkrume gab. Sie legte den Strauß welker Blumen auf ein Tischchen, das aus einem alten Brett und frischen Birkenpfählen zusammengezimmert war und auf dem holprigen, dunkelblauen Boden schief in der Ecke stand, setzte sich auf die Bank daneben und saß bis zum Abend reglos da. Teilnahmslos wartete sie auf etwas – auf den Sohn oder auf den Tod – und blickte schläfrig auf die modrigen Wände und den halb zerfallenen Ofen. Ein schwaches Licht drang durch das kleine Fenster über dem Tisch. Weiter hinten, wo noch ein zweites Fenster war, ohne Rahmen, das mit einem Halbpelz und mit Fetzen von schmutzigem Schaffell zugestopft war, verdichtete sich die Dämmerung. Dort sprangen kleine Frösche über den Boden.

»Oder bilde ich mir das ein?« überlegte Anissja und sah genauer hin: Nein, sie bildete es sich nicht ein, es waren wirklich echte Frösche …

Die ganze Decke war mit kleinen Pilzen bewachsen – an vielen Stellen hingen sie an fadendünnen Stengeln, mit den samtigen schwarzen, trauerfarbenen oder korallenroten Hütchen, die leicht wie Mulläppchen waren und sich bei der kleinsten Berührung zu Schleim verwandelten, nach unten. Sollte sie diesen Schleim essen? Nein, dann würde sie sterben – und die lieben Nachbarn in Paschen würden ihre Kate Balken für Balken auseinandernehmen … Aber sonst gab es nichts zu essen. Ein kleiner irdener Krug stand auf dem Fensterbrett, mit einem kleinen Brett abgedeckt. Sie hob das Brett hoch: In dem Krug begann eine große, schreckliche Fliege zu summen – eine von denen, die die Toten lieben; sie nahm das Brett und besah es sich genauer: wahrhaftig, ein Heiligenbild. Ein Sünder war Jegor, deshalb also schenkte ihm Gott kein Glück! Mit Mühe hob sie die Hand und bekreuzigte sich, küßte das Brettchen und legte es auf den Tisch; sie überlegte, dachte daran, daß sie sterben würde – und bekreuzigte sich ein weiteres Mal, wobei sie sich dazu zwang, in ihrem Seufzer und besonders in den langsamen, andächtigen Bewegungen der Hand ihre ganze Demut vor Gott, ihre ganze Ehrfurcht vor Seinem Ruhm und Seiner Kraft, alle ihre Hoffnungen auf Seine Bermherzigkeit auszudrücken … Auf der Ofenplatte im geöffneten Ofen stand in einem Häufchen Asche eine Pfanne mit einer angetrockneten Kruste von Rührei: Offenbar hatte Jegor Vogeleier gebraten – neben der Pfanne lagen bunte Eierschalen. Anissja dachte: Du meine Güte, wovon ernährt er sich denn, er lebt ja wie ein Iltis! Sie wurde immer schläfriger, phantasierte immer mehr, der Feldweg und die Trojka und die Turteltauben liefen ihr entgegen … Anissja warf den Kopf zurück – und kam für einen Moment zur Besinnung, verscheuchte die Erscheinungen und diese beängstigende Benommenheit, in die sie immer tiefer versank. Der Wind rauschte schläfrig und dumpf um die Mauern und durch die Brennesseln, fegte durch das Unkraut an der Decke. In dem kleinen Fenster sah man die schläfrig schwankenden Spitzen der Sträucher, bleich vor dem kreidig-bleigrauen Hintergrund der Wolken. Es dunkelte, der Abend brach an …

Sie verstand, daß Regen im Anzug war, daß der Wind rauschte und den eintönig an- und abschwellenden Klang einer Ammer im Gebüsch herantrug: ti-ti-ti-ti-ti-i … Irgendwo riefen matt die jungen Saatkrähen: auch das ein Zeichen für Regen, für den anbrechenden Abend … Sie verstand das alles, und doch schlief sie, sie schlief – und lag im Sterben, und ihre Phantasie, fremd für sie, arbeitete unaufhaltsam weiter. Ach, ja, Jegor ist unterwegs zum Jahrmarkt – sie muß ihn einholen! Sie sah den Jahrmarkt: Stimmengewirr und Gemurmel, das Knarzen der Fuhrwerke, Pferdegewieher, das Volk schiebt sich in Massen hindurch – und alle betrunken, furchterregend; das Orchestrion auf dem Karussell scheppert und dröhnt, auf hölzernen Pferden sausen

Mädchen in rot gerüschten Jäckchen und junge Männer in kanariengelben Hemden im Kreis herum – davon wird einem übel, übel wird einem, schlecht … Es ist heiß und drückend, aber Miron, jung, fröhlich, die Lammfellmütze in den Nacken geschoben, bahnt sich durch die Menge einen Weg zu ihr, bringt ein ganzes Bündel Geschenke mit – Hörnchen, Zieselmäuse, Pfefferminzlebkuchen – und läßt sie die Flasche Kwaß nicht mehr austrinken, die der Kwaß-Verkäufer gerade entkorkt hat – es ist derselbe Alte, der den Brachacker umgepflügt hat; Miron ruft; »Spann an, schnell, wir müssen Jegorka einholen!« Tja, so einer bist du, Miron, sagt sie zu ihm, in der Jugend hast du mich nicht geschont, und jetzt ist der Tod gekommen … Auf dem Feld Wind, Wolken, Sprühregen, Mägde graben Kartoffeln aus – nein, Mironuschka, ich muß mich schnell hinlegen … Wie eine Schlafwandlerin, schwankend und flüsternd, erhob sich Anissja von der Bank, ohne ihre geschwollenen Füße zu spüren, zerrte den Halbpelz aus dem kleinen Fenster, rollte ihn zusammen und warf ihn auf die Bank, ans Kopfende … Im Becken schmerzte und pochte es, das Herz stockte immer wieder, und alle Augenblicke schien ihr, sie hänge in der Luft, habe keine Beine, sondern nur einen Rumpf, wie dieser entsetzliche Soldat, der an einer Kate in Paschen hing und schwarz wurde. Hastig und bemüht, nicht zu stürzen, legte sie sich hin und schloß die Augen. Die Bank flog auf einen Abgrund zu, und die Bilder, die ihre Phantasie bestürmten, verwirrten sich allmählich, verblaßten …

Sie schlief und starb im Schlaf. Ihr Gesicht, das Gesicht einer Mumie, war ruhig und gelassen. Der Regen war vorbei, der Abendhimmel hatte aufgeklart, im Wald und auf den Feldern war alles still. Ein Abendfalter glitt lautlos flatternd durch die Luft. Im Dämmerlicht sah man am Boden nur noch die weißen Blumen. Hinter der Wächterhütte zeichneten sich die Spitzen der Sträucher am Waldrand als filigranes, schönes Muster dunkelgrün ab – vor einem leuchtend orangeroten Dunst, der weiter oben in durchsichtig zitronengelbe, luftige Leere überging. Der Wächterhütte gegenüber, am fahlen, aschgrauen Himmel, stand ein klarer, aber nicht strahlender Vollmond, der noch kein Licht gab. Er blickte geradewegs in das kleine Fenster, neben dem ein vielleicht toter, vielleicht noch lebender ursprünglicher Mensch lag. Durch das andere Fenster, ohne Scheibe, ohne Rahmen, blies ein warmer Wind …

II

Jegor war in seiner Kindheit und Jugend bald faul, bald lebhaft gewesen, bald zerstreut, bald aufmerksam, bald lachlustig, bald niedergeschlagen – und immer sehr verlogen, ohne jede Not. Einmal hatte er sich mit Absicht an Bilsenkraut überessen – er wurde mit knapper Not gerettet, indem man ihm Milch zu trinken gab. Später machte er es sich zur Gewohnheit, davon zu schwatzen, er würde sich aufhängen. »Aufhängen müßte man sich«, erwähnte er von Zeit zu Zeit den Altersgenossen gegenüber in einem so nachlässigen, geschäftsmäßigen Tonfall, als ginge es darum, daß er sich endlich die Haare schneiden lassen müsse. In diesem Tonfall lag so viel Angeberei, und Jegorka hatte so wenig Ähnlichkeit mit einem Selbstmörder, daß niemand auf die Idee kam, ihn ernst zu nehmen, ja auch er selbst konnte sich nicht vorstellen, daß Leute sich aufhängen. Einmal hörte der alte Ofensetzer Makar, ein böser, notorischer Säufer, wie Jegorka über den Tod schwadronierte, woraufhin er ihn anblickte und sagte:

»Wenn du kleiner Teufel mir nicht sofort genau erklärst, warum du dir diese Sache in den Kopf gesetzt hast, bringe ich dich auf der Stelle um!«

Da lief Jegorka auf einmal flammendrot an und spürte lebhaft, daß der Tod tatsächlich kein Scherz war, daß er wahrhaftig verstehen und antworten mußte, warum er auf diesen Gedanken gekommen war. Er überlegte eine Weile und versuchte dann verlegen und unbeholfen, sich zu erklären:

»Also, ich weiß schon, warum ... Da lebt man und lebt man ... Und so manches Mal weiß man nicht wohin ... Da ist man so ganz wie zerschlagen ...«

Makar gab ihm ordentlich eins hinter die Ohren, und Jegorka stürzte sich, als ob nichts gewesen wäre, wieder in die Arbeit und stampfte mit den Füßen den Lehm fest. Aber nach einer gewissen Zeit fing er wieder und dieses Mal noch großspuriger davon an, daß er sich aufhängen werde. Ohne im geringsten daran zu glauben, setzte er dennoch seine Absicht eines Tages in die Tat um: Sie arbeiteten gerade in dem leeren Herrenhaus, und als er in dem großen, hallenden Saal mit den mörtelbespritzten Fußböden und Spiegeln alleine war, blickte er sich unauffällig um, schlang blitzschnell seinen Gürtel um das Dunstrohr – und hängte sich, vor Angst aufschreiend, daran auf. Man zog ihn besinnungslos aus der Schlinge, brachte ihn wieder zu sich und wusch ihm so den Kopf, daß er brüllte und schluchzte wie ein Zweijähriger. Und seither hatte er den Gedanken an die Schlinge für lange Zeit fallengelassen.

Er wuchs heran, wurde ein kräftiger Kerl, kränkelte bisweilen, trank, arbeitete, schwatzte, trieb sich im Bezirk herum und dachte nur noch selten an den heruntergekommenen Hof und an seine Mutter, die er, warum auch immer, als sein Kreuz bezeichnete; das Leben, so stumpfsinnig er es auch vergeudete, gefiel ihm ausnehmend gut, und wenn ihn mitunter Momente von Erschöpfung, Zerschlagenheit und Trübsinn überkamen, wenn er sagte: »Die schöne weite Welt ist mir verleidet!«, so kam er doch nie auf den Gedanken, daß es da eine Verbindung zu seinem kindlichen Geschwätz vom Selbstmord geben könnte. So lebte er bis zu seinem dreißigsten Lebensjahr, bis zu jenem Winter, als er sich unverhofft den Grubenräumern anschloß und aus heiterem Himmel mit ihnen nach Moskau ging.

Aus Moskau kehrte er betrunken und aufgewühlt zurück. Da er die ganze Absurdität seiner Reise empfand und sich gleichsam wappnete, jedem, der ihn als

Grubenräumer bezeichnen würde, eine Abfuhr zu erteilen, versoff er unterwegs sein ganzes Geld, indem er an jedem Bahnhof ausstieg und sich rüpelhaft durch die Menge zur Theke drängte. Und da, in einem schaukelnden, qualmvernebelten Eisenbahnwaggon, fing er zum ersten Mal seit der Geschichte in dem leeren Herrenhaus wieder mit seinem Geschwätz von damals an und begann, seinen Sitznachbarn, Bauern und Sägearbeitern, zu erklären, daß er sich aufhängen müßte. Und wieder schenkte niemand seinen Worten Glauben, und wieder vergaß er, als er erst seinen Rausch ausgeschlafen hatte, sein Gerede.

Zu Hause, in der vertrauten Umgebung, nach Moskau und dem ungewohnten Leben, das er dort geführt hatte, nach der Sauferei und der Aufregung der Reise schien ihm alles so alltäglich, daß er nicht einmal mehr Lust hatte, die spöttischen Nachfragen, wozu er denn nach Moskau gereist sei, wütend zurückzuweisen. Er übernachtete zweimal in Gurjewo bei seinem Bekannten, dem Schmied, und ging dann nach Paschen. Der Anblick seines verfallenden Hofes, der Anblick seiner Mutter, die sich sehr verändert hatte und abgemagert, seltsam still und leicht verwirrt war, machte keinerlei Eindruck auf ihn. Über eines beklagte er sich – daß er seine Bastschuhe vergebens strapaziert hatte. So ging er, nachdem er widerwillig drei Tage zu Hause verbracht hatte, wieder nach Gurjewo, geradewegs zum herrschaftlichen Hof, um sich als Wächter in Lanskoje zu verdingen. Es war ein sonniger Märztag, der Weg taute zunächst, begann aber dann – als die Sonne am wolkenlosen Himmel unterging, die verschneiten Felder darunter in goldenem Glimmer glänzten und die luftige, durchsichtige Weite nach Südosten hin einen grünlichen Schimmer annahm – wieder leicht zu überfrieren und unter den Bastschuhen wohlig zu knirschen, und wohlig, friedlich und im Einklang mit diesem langen, klaren, friedlichen Tag fühlte sich auch Jegor. Er stieg den von vereisten Fahrspuren durchfurchten Hügel im Dorf hinauf und betrat den herrschaftlichen Hof. Ihm gegenüber, auf der anderen Seite des Flusses, erlosch friedlich, fast frühlingshaft schon, die Sonne; frühlingshaft tobten und tschilpten die Spatzen in den gold-grün-grauen Gerten der Fliederbüsche beim Herrenhaus, das sich mit dem Weiß der Mauern und dem braunen Dach aus Eisenblech vor dem grünlichen Himmel deutlich abhob. Auf der Vortreppe stand ein Stubenmädchen in einem neuen Kattunkleid und schüttelte den Samowar über einem vereisten, schmutzigen Schneehaufen aus. Die Herrschaften seien nicht da, sagte sie, sie seien in die Stadt gefahren; vielleicht kämen sie gegen Abend zurück, vielleicht aber auch nicht … Jegor ließ sofort den Kopf sinken und verlor den Mut; er stand eine Weile unentschlossen auf dem rosa leuchtenden Hof – wo sollte er hin, er konnte nicht schon wieder zum Schmied gehen! – und machte sich auf den Weg zum Gesindehaus. Im Gesindehaus herrschte bläuliche Dämmerung, die Sonne schien dort nicht hinein, es roch kräftig nach Sauerkohlsuppe; auf der Bank neben dem Tisch saß der

Knecht Gerassim, ein dunkler, roher Kerl, befestigte eine Peitsche am Peitschenstiel und zankte dabei mit seiner Frau Marja, die mit einem Kind in den Armen auf der Holzbank neben dem Ofen kauerte. Jegor trat ein, nickte kurz und setzte sich. Die Leute erwiderten seinen Gruß, hörten aber nicht auf zu zanken. Das Kind zerrte mit seinen Händchen an der Jacke der Mutter und suchte die Brust; Marja, klein, sonnenverbrannt, die blitzenden Augen unverwandt auf ihren Mann gerichtet, redete und bemerkte die Versuche des Kindes nicht, und Jegor begriff bald, daß der Streit wegen eines Rasiermessers ausgebrochen war, das Marjas Bruder gehörte, und zwar deswegen, weil Gerassim dieses Rasiermesser irgendwem gegeben hatte.

»Leg dir erst einmal ein eigenes zu«, sagte Marja mit erbost blitzenden Augen. »Das kannst du dann weggeben. Schmarotzer, zum Teufel!«

»Mit dir will ich gar nichts zu tun haben, ich rede nicht mit dir«, sagte Gerassim entschlossen und bedächtig und blähte die Nasenflügel. »Wag es nicht, Krach zu schlagen: Morgen ist Feiertag.«

»Du wagst es nicht, mir das Maul zu stopfen«, sagte Marja mit dem Mut desjenigen, der sich im Recht weiß.

»Schweig besser«, erwiderte Gerassim, weiterhin um einen festen Ton bemüht. »Ich bin wohl ein bißchen klüger als du.«

»Mach dich nicht so wichtig, vor dir hat doch keiner Angst!«

»Warte ab, Weib, du kriegst es noch mit der Angst! Viele Beschützer gibt es ja wohl nicht!«

»Ach was, dann verkrieche ich mich und weine. Auch nichts Neues …«

Jegor, der es gewohnt war, durch fremde Katen zu ziehen und fremde Leben zu leben, der es liebte, Krach und Zank mitanzuhören, interessierte sich zunächst auch für diesen Streit. Aber plötzlich war er der Zankerei überdrüssig … Darin spürte man Wut und den Wunsch, dem anderen nicht nachzugeben, aber man spürte auch, daß diese Leute einander nicht einmal in ihrer Wut etwas Taugliches, Kraftvolles sagen konnten, daß sie sich nur deshalb zankten, weil ihr Leben, ihr ewiger Alltag ihnen zuwider geworden war. Marja ging und legte das Kind in die Wiege.

»Du hattest ja schnell die Nase voll von Moskau!« sagte sie und erinnerte ihren Mann an seine eigene Reise nach Moskau, die ebenso absurd gewesen war wie Jegors Reise, wenn auch nicht so blamabel, denn Gerassim hatte sich eine Stelle bei der Pferdebahn suchen wollen. »Du warst ja schnell wieder da! Von deiner Sorte treiben sich da bestimmt viele herum!«

»Du Schlampe, kümmere dich besser um deinen eigenen Kram«, versetzte Gerassim. »Schmutzliese, dumme Kuh! Was hast du heute zum Mittagessen für eine Brühe gekocht? Ist das etwa für den Schweinetrog? Wir sind doch keine gefräßigen Schweine!«

»Ich laß mir nichts nachsagen«, versetzte Marja.

»Paß du besser auf deine Gaschka auf und auf deine Lasterweiber und deine Liebchen!«

»Gaschka ist was anderes als du, die ist keine Vagabundin, hat ihr eigenes Haus.«

»Kein Wunder! Diese Kupplerin, die kriegt von allen was geschenkt!«

»Ach was! Du dumme Pute kannst dich mit Gaschka nicht messen. Gaschka bekommt jetzt überall fünf Rubel, und du gehst für anderthalb pflügen.«

»Fü-ü-nf Rubel! Wer's glaubt, wird selig! Die ist doch so dämlich!«

Jegor hatte ein bißchen angeben wollen, was für ein seltenes und teures Rasiermesser er hätte – aber ihm war die Lust vergangen, und er sagte gar nichts. Er stand auf und dachte: »Ich häng mich ganz bestimmt auf! Die sollen doch alle zum Teufel gehen!« Langsam trat er auf Gerassim zu, der sich eine Zigarette angesteckt hatte, und hielt ihm seine Pfeife hin. Gerassim reichte ihm, ohne ihn anzusehen, sein fast abgebranntes Streichholz. Jegor verbrannte sich die Finger, steckte seine Pfeife an und stellte sich an die Tür.

»Gaschka, die arbeitet jedenfalls bestimmt mehr als du!« sagte Gerassim, weil er nichts weiter zu sagen wußte.

»Dafür hab ich mit dir Teufel auch nichts zu lachen«, versetzte Marja. »Zehn Jahre schon habe ich dich am Hals.«

»A-ach! Tu doch nicht so …!«

»Alleine Kartoffeln freßt ihr doch schon drei Töpfe

voll! Einen Bruch hab ich mir gehoben an den schweren Töpfen ...«

Jegor hörte nicht weiter zu und ging hinaus.

Den Frühling und den Sommeranfang verbrachte er in Lanskoje. Die sichere Anstellung freute ihn zunächst. Immer darüber nachdenken, ob er etwas verdienen würde, sich immer irgendwo herumtreiben auf der Suche nach einem Verdienst und gleichwohl den Rükken krumm machen, das hing ihm gehörig zum Hals heraus. Aber hier – nichts zu tun, schlafen bis in die Puppen, Lohn und Verpflegungsration kommen regelmäßig herein ... Aber die Tage gingen dahin und wurden einander immer ähnlicher, wurden immer länger und länger; man mußte die Zeit totschlagen, aber wie, im Wald und in der Einsamkeit? Und mit dem Hinweis darauf, daß er eine alte Mutter zu versorgen habe, die krank sei und Hunger leide, gewöhnte Jegor sich an, ständig auf dem herrschaftlichen Hof zu erscheinen, sich wie ein Bettler vor dem gnädigen Herrn zu verbeugen und seinen Lohn und die Verpflegung im Voraus zu erbitten, um dann das eine wie das andere mit dem Schmied zu versaufen. Und die sichere Anstellung wurde ihm lästig. Trunksucht, Katzenjammer und Unterernährung zerrütteten seine Gesundheit. Sein Lebtag hatte Jegor sich nie Gedanken gemacht über seine Beschwerden, aber jetzt machten sie sich bemerkbar. Es spürte das gleiche, was Anissja in der letzten Zeit gespürt hatte: ein Schwanken im ganzen Körper, eine diffuse Unruhe, eine Verworrenheit in den Gedanken.

In der Dämmerung sah er jetzt schlechter, und er begann, den Anbruch der Dämmerung zu fürchten – ihm war unheimlich in diesem schweigenden Buschwerk: Überall, wo die Abenddämmerung waberte, meinte er einen verschwommenen, schemenhaften und deshalb umso schrecklicheren großen, grauen Teufel zu sehen. Dieser Teufel ließ Jegor nicht aus den Augen, wandte ihm, egal wohin er ging, seinen Kopf zu. Und da es Jegor schien, daß dieser Teufel ihn zwang, an die Schlinge, an den Querbalken, an die dicken Äste der alten Birke im Weizenfeld zu denken, war ihm der alte, früher so einfache Gedanke an die Schlinge nun unheimlich. So vernachlässigte er den Wald völlig und blieb manchmal ganze Tage und Nächte hindurch in Gurjewo. Unter Menschen, ja schon, wenn er aus dieser verlassenen Steppengegend, aus dem üppig wuchernden Getreide und Buschwerk hinaus und auf die Straße zum Dorf trat, wurde ihm sofort leichter.

Auch an dem Tag, als Anissja nach Lanskoje unterwegs war, machte sich Jegor auf nach Gurjewo. Er erwachte spät, hustete sich aus, hatte überall Schmerzen und wurde ein wenig fröhlicher, als die Sonne hinter den Wolken hervorlugte. Er rauchte und spürte: Er hatte Hunger. Von Beeren bekam man abends ein heftiges Frösteln, das wußte er. Aber er hatte Hunger, und so verließ er die Hütte, kroch auf Knien lange durch Sträucher, Blumen und Gräser, aß Gartenerdbeeren und Walderdbeeren, manchmal sehr reife, manchmal noch ganz grüne, harte … Dann machte er sich ohne Eile auf ins Dorf.

»Vor allem muß ich Brot auftreiben«, dachte er, als er eine Stunde, bevor Anissja ankam, aus dem Wald heraustrat.

Wo er Brot auftreiben sollte, wußte er nicht, er hatte auch wenig Hoffnung, welches zu bekommen. Aber er mußte sich rechtfertigen, daß er den Wald verließ. Doch in der Tat, die Aussichten auf Brot waren schlecht. »Na ja, schlecht oder nicht, ich werde schon nicht krepieren, ich habe schon Schlimmeres überstanden«, sagte er sich, während er in seinen neuen Bastschuhen mit weit ausladenden Schritten die Straße hinunterging, an der Pfeife saugte, bisweilen hustete und mit verquollenen, glänzenden Augen in die Ferne blickte.

Gurjewo ist ein großes, altes Dorf, mit ausgedehnten Weideflächen und zwei Mühlen – eine Wassermühle und eine Windmühle; es steht am Fluß und versinkt in üppigen Weiden- und Espenwäldchen, und Saatkrähen gibt es in diesen Wäldchen unzählige Tausende. »So ein Dorf«, sagte Jegor immer, »findet man in keinem Amerika!« Gegen Abend, als er auf das Dorf zuging, rauschte ein kurzer, aber heftiger Regenschauer darüber hinweg, nicht der erste an diesem Tag, das sah man. Glänzend schwarz schimmerten die Wege in dem dichten sattgrünen Gras der Weide, auf der linker Hand, neben dem herrschaftlichen Gutshaus, die alte, mit Eisenblech beschlagene Kirche stand, daneben die neue, aus Ziegelsteinen errichtete Schule, in der Mitte der Getreidespeicher der Dorfgemeinde und rechter Hand die wuchtige Windmühle und der behagliche Hof des Müllers. Der Wind blies, aber die Flügel der Windmühle reckten sich reglos in den wolkigen Himmel. Sonst waren sie immer grau, aber jetzt dunkel und feucht. Vom Dach des Getreidespeichers fielen Tropfen; die Jungen, die auf der üppigen grünen Wiese die Pferde hüteten, hockten in nassen Bauernkitteln unter dem Speicher.

»Ein Wunder«, dachte Jegor, während er auf die Windmühle zuging und wie immer darüber nachdachte, was ihm zufällig gerade durch den Kopf ging. »Andauernd regnet es hier. Eine weite, offene Gegend, für Gemüsegärten zum Beispiel die reinste Goldgrube.«

Es war noch früh, aber schon wurde die bunte Herde eingetrieben, die auf der Weide wieder in alle Richtungen auseinanderstiebte. Die frühe Abendsonne lugte für einen Moment hinter dem Dorf hervor, jenseits des Flußtals, genau gegenüber der Schule, und blinkte auf dem neuen Schuldach, das aussah wie aus Zink, auf dem vergoldeten Kreuz der Kirche, machte die Herde noch bunter, erlosch wieder und verkroch sich hinter den Wolken. Die Kirche in Gurjewo ist rustikal und trostlos, irgendwie allem fremd, die Schule sieht aus wie eine Gemeindeverwaltung, die Windmühle ist ungeschlacht und wuchtig und nur selten in Betrieb. Wie alle Tage lärmten und krakeelten die Saatkrähen ohne Sinn und Zweck im Weidengebüsch an dem kleinen Fluß. Die Herde lief, brüllte und blökte, Weiber schrien durcheinander und jagten hinter den Schafen her, ihre Rockschöße über den Kopf geschlagen … Dort, in Lanskoje, in der Wächterhütte ohne Dach, inmitten von dichtem Buschwerk, Blumen und Unkraut, starb im Sitzen Jegors ergebene, bis zum letzten erschöpfte Mutter. Er aber stand, warum auch immer, mitten auf der Weide in Gurjewo, dachte darüber nach, was ihm gerade so einfiel, und wartete, während die Herde auseinandergetrieben wurde. Anschließend blickte er lange auf zwei gefesselte nasse Pferde, die Gras rupften und mit ihren zusammengebundenen Vorderläufen schwerfällig von einer Stelle zur anderen sprangen. Er schob die Pfeife vom einen Mundwinkel in den anderen, atmete schwer, hustete und spie aus, ließ seinen Blick geistesabwesend über die Weide schweifen und schimpfte den Kirchenältesten in Gedanken einen Dummkopf, weil er die alte steinerne Kirche mit Eisenblech hatte beschlagen lassen, und blickte dann zum Getreidespeicher hinüber. An die Wand des Getreidespeichers geschmiegt saßen auf einem großen weißen Stein die Jungen in nassen, zerlumpten Bauernkitteln. Neben ihnen stand ein dreijähriges Fohlen. Vom Dach herunter tropfte es auf das Fohlen, das oben dunkel und unten hell, fuchsrot und trocken war. Auf einem Misthaufen unter der Windmühle war eine schwarze Saatkrähe zu erkennen. Sie pickte mit dem Schnabel einem verendeten Kätzchen in die Seite und versuchte, es fortzutragen, wegzuzerren, schaffte es aber nicht – das Kätzchen war auf dem Mist festgetrocknet. Jegor lächelte trübsinnig und machte sich, in seinen neuen Bastschuhen durch den Schlamm rutschend und schlitternd, zur Kate des Müllers auf.

Wie üblich schenkten die Müllersleute Jegor keinerlei Beachtung. Und wie üblich kümmerte ihn das nicht im geringsten. Er trat über die Schwelle der Kate, neigte zum Zeichen der Begrüßung knapp den Kopf mit der Gymnasiastenmütze, die flach auf seinen weißblonden Zotteln lag, setzte sich auf die Holzbank und streute beißenden Machorkastaub in seine Pfeife, indem er seinen Tabaksbeutel umstülpte. Der alte Müller, der Lawrenti hieß und den Spitznamen Schmarok trug, kauerte auf der Bank neben dem Tisch, hatte die Hände auf die Bank gestemmt und stierte auf die Arme seiner jungen, schwangeren Frau Aljona, die über dem Tisch Mehl siebte. Aljona galt wegen ihrer Stattlichkeit und ihres weißen Kuhgesichts in Gurjewo als Schönheit. Schmarok dagegen war klein, kahl und häßlich und hatte einen großen Kopf. Er war reich, aber sein Halbpelz war verschlissen, speckig und dunkel; der neue, orangerote Ärmel an diesem Pelz stach ins Auge. Das rechte Ohr hatte Schmarok mit einem Stückchen Werg zugestopft. An seinem dünnen Hals, unterhalb des graugelblichen Bärtchens, schimmerte etwas Schwarzes, wie eine Krawatte – ein schmales Tüchlein, das noch speckiger war als der Halbpelz. Der grüngelbe Schnurrbart hing voller Schnupftabakkrümel. Die Nase sah aus wie ein Fliegenpilz, die riesigen geblähten Nasenlöcher waren vom Tabak dunkelgrün und samtig. Den Blick auf das Mehl gerichtet, das als grauer Staub aus dem Sieb herausrieselte, fragte Schmarok gleichgültig:

»Na, ist dir langweilig im Wald?«

»Warum sollte mir langweilig sein?« erwiderte Jegor bedächtig. »Ich habe im Dorf was zu erledigen.«

Er rutschte von der Holzbank herunter, ging zum Ofen, öffnete die Ofenklappe und kroch bis zum Gürtel in die dunkle, heiße Öffnung.

»Eine dringende Sache«, rief er dumpf aus dem Ofen, klaubte mit seinen Fingerstümpfen ein Stück glühende Kohle aus der Asche und stopfte es in seine Pfeife.

Aljona, die beim Sieben gekonnt das Sieb gegen die Handfläche schlug und dabei mit ihrem breiten, flachen Hinterteil wackelte, warf Jegor über die Schulter einen schrägen Blick zu. »Den ganzen Ofen läßt er mir kalt werden, der Teufel!« dachte sie. Jegor aber, dem diese Gedanken wohlbekannt waren, kletterte wieder aus dem Ofen heraus und setzte eine unbekümmerte Miene auf. Er zog an seiner Pfeife, ließ den beißenden Geruch und die Glut der heißen Espenkohle genüßlich in die Nase steigen, hustete mit gequältem Behagen und ließ sich gemächlich wieder auf der Holzbank nieder. »Ob ich wieder gehe?« überlegte er zerstreut. »Ach, zum Teufel mit ihnen, ich bleib noch ein bißchen sitzen … Sie fressen und fressen, zweimal in der Woche backen sie Brot und können den Hals immer noch nicht voll kriegen«, überlegte er zerstreut und blickte bald zum Ofen hinüber auf den mit einem alten Bauernmantel abgedeckten Backtrog, unter dem die glühenden, dampfenden Ziegelsteine summten, bald auf das gelbliche, seidige Mehl, das auf dem Tisch zu einem länglichen, sargdeckelähnlichen Haufen anwuchs, bald auf Aljona. Aljonas dicke Arme mit den bis zum Ellbogen hochgekrempelten Ärmeln waren mehlbestäubt, an ihren Fingern blinkten Messing- und Silberringe. Den Saum ihres roten Wollrocks hatte sie hochgeschürzt und in den Gürtel gestopft, ihre dicken Beine in den Männerstiefeln, die sich unter dem grauen Hemd schwarz abzeichneten, stemmte sie fest auf den Boden, und mit leicht zurückgeneigtem Oberkörper stellte sie ihren ungeheuren Bauch zur Schau und wackelte dabei rhythmisch mit ihrem Hinterteil.

»Kann ich nicht vielleicht bei dir ein Stückchen Brot abstauben?« fragte Jegor und spuckte den Speichel aus, der sich fortwährend auf seinen vom Hunger und von der Pfeife weißlichen Lippen sammelte.

Aljona schwieg. Anjutka, ein etwa vierjähriges Mädchen mit Fieberbläschen auf den Lippen und oberhalb der Stirn wie ein Fächer gestutzten, drahtigen Haaren, lehnte sich immer wieder über den Tisch und malte mit ihrem kleinen Finger Streifen ins Mehl. Aljona gab keine Antwort auf Jegors Frage und klatschte dem Mädchen unerwartet mit der Hand auf die Stirn. Das Mädchen fiel zurück, plumpste auf die Bank und fing an zu schreien.

»Ich hab dir gesagt, laß die Pfoten vom Mehl!« schrie Aljona mit ihrer rauhen Einhöferstimme. »Du siehst so schon aus wie ein Ferkel! Warte bloß, gleich setzt es was! Na was ist, hörst du jetzt auf zu schreien?

Soll ich dich vielleicht dafür in die Arme nehmen? Da kannst du lange warten!«

»Na, da muß ich sie wohl mit dem Messer stechen«, bemerkte Saltyk, der junge Knecht, der in einer Schaffelljacke und einer weißen Schürze hereintrat und gerade vom Feld kam, wo er am Feldrand den vom Hagel niedergedrückten Hafer abgemäht hatte.

Er hängte ein schweres, neues Kummet mit weißen Riemen über einen zwischen den Balken eingeschlagenen hölzernen Bolzen an der Wand, dazu ein Halfter, an dessen glänzender Trense noch grünlicher Schaum schimmerte von dem Gras, an dem das Pferd gekaut hatte.

Saltyk, der erst kürzlich seinen Soldatendienst abgeleistet hatte, machte einen selbstzufriedenen Eindruck, er hatte ein sonnenverbranntes, angenehmes, aufgewecktes Gesicht mit Backenbart und eine breite Brust; die fast neue Soldatenmütze war in den Nacken geschoben. Auf dem Schürzenlatz waren große rote Buchstaben eingestickt. Jegor, dem Saltyk nur kurz zugenickt hatte, dachte:

»Die hat bestimmt Aljonka gestickt. Das Mädchen ist natürlich auch von ihm. Nicht umsonst wurde gemunkelt, er hätte sie noch vor seiner Soldatenzeit flachgelegt. Schmarok ist ein Narr! Ich würde ihr das Fell über die Ohren ziehen und es in den Streckrahmen spannen!«

Keuchend hob und senkte er seine Brust und ließ in der Öffnung seines abgeschabten Kragens einen Streifen

Sonnenbräune auf dem totenbleichen Körper sehen. Bleich war auch sein aufgedunsenes Gesicht. Er war schwer krank, aber sich krank zu fühlen war ihm schon so lange zur Gewohnheit geworden, daß er es nicht im geringsten beachtete. Er war auch nicht beleidigt, daß niemand ihn, den Kranken, Hungrigen, auch nur mit einem Blick bedenken wollte. Auch empfand er keine Gehässigkeit gegenüber Aljona, als er dachte: »Ich würde ihr das Fell in einen Streckrahmen spannen« – obwohl er dazu imstande gewesen wäre. Aber es steckte ein dumpfer Ärger in ihm, nicht nur diesem reichen, langweiligen Hof, sondern allen Gurjewern gegenüber, der ihn quälte und ihn zwang, an etwas zu denken, was durch den Verstand nicht zu beeinflussen war und sich lästig im Kopf drehte wie eine abgenutzte Schraubenmutter. Er hatte sich längst damit abgefunden, daß sich oft gleichzeitig zwei Abfolgen von Gefühlen und Gedanken in ihm abspulten: eine gewöhnliche, einfache, und eine andere beunruhigende, quälende. Während er manchmal ruhig, ja selbstzufrieden über etwas nachdachte, was er zufällig gerade sah oder was ihm gerade einfiel, peinigte ihn gleichzeitg der vergebliche Wunsch, über etwas anderes nachzudenken. Manchmal beneidete er die Hunde, die Vögel oder die Hühner: Sie dachten bestimmt nie über etwas nach! Gerade jetzt wollte er beim Müller sitzen und wollte es gleichzeitig nicht. Aber was sollte er machen, wenn er nicht hierblieb, wohin sollte er gehen? In den Wald, in das Buschwerk, in die Dämmerung, wo überall dieser graue Teufel herumspukte?

Aljona wich Saltyks Blicken aus und zündete die Hängelampe über dem Tisch an, die mit einem blaßgrünen Licht aufflammte; es war noch hell draußen. Saltyk zog bedächtig einen Velour-Tabaksbeutel aus seiner Hosentasche, drehte bedächtig eine Zigarette und knickte sie ein, mußte einmal aufstoßen, schob einen Strohhalm unter das Glas der Lampe, zündete daran seine Zigarette an und setzte sich auf die Bank.

»Sieb nur noch etwas mehr dazu«, bemerkte er zu Aljona und nahm einen Zug an seiner Zigarette. »Ich hätte wohl gerne Piroggen.«

»Weiter nichts?« fragte Aljona in jenem besonderen, scheinbar groben Tonfall, den man in Gegenwart anderer nur einem geliebten Menschen gegenüber anschlägt.

Schmarok machte sich unterdessen an der Ofenplatte zu schaffen: Er stellte einen Dreifuß auf ein Häufchen Äste und Zweige, machte Feuer und blies hinein, als wolle er etwas kochen. Die Zweige waren feucht und qualmten nur, und Schmarok mußte weinen vom Rauch, aus seinen Augen, unter den roten Lidern hervor, rannen Tränen.

»Hm, schöne Kocherei«, brummte er.

Er hatte es sich offenbar anders überlegt und hockte sich auf einen dicken Eichenklotz neben dem Ofen. Unter dem Dreifuß hervor trat milchweißer Rauch, quoll auf und verpuffte … Das Mehlsieb klatschte, man hörte das Atmen von Jegor und Anjutka, die sich eine Puppe bastelte, indem sie einen Lappen um ein Glasfläschchen wickelte. Saltyk warf Schmarok einen Blick zu und grinste.

»Ein schöner Koch bist du, das sehe ich wohl«, sagte er und spuckte in weitem Bogen aus. »Du mußt dir einen Katalog bestellen. Als ich in Tiflis gedient habe, hat die Tochter von meiner Wirtin sich immer Kataloge bestellt, nach denen man alles kochen kann. Mach das doch auch – schick einen Brief nach Moskau, leg eine Siebenkopekenmarke rein und schreib: So und so, schicken Sie mir alle möglichen Kataloge.«

»Auch wieder wahr«, versetzte Schmarok. »Du weißt wirklich in allem Bescheid: Wo wer wohnt, wo es was für Städte gibt …«

Jegor schielte hinüber und überlegte: »Welche Städte! Als ob der außer seinem Tiflis noch viel anderes kennen würde! Da könnte ich ihm etwas erzählen …« Er hatte große Lust auf einen Streit, aus dem er als klüger, gescheiter und bewanderter als Saltyk hervorgegangen wäre. Aber die Absicht, um ein Stück Brot zu bitten, und noch etwas, das er nicht genau bestimmen konnte und früher einmal mit den Worten »da ist man so ganz wie zerschlagen« ausgedrückt hatte, hinderte ihn, der sonst stets beherzt und schwatzhaft war, daran, brachte ihn in Verlegenheit – und das ausgerechnet vor wem? – vor Bauern, die er niemals vergleichen würde mit Ofensetzern, Zimmerleuten oder Malern! Er räusperte sich nur, saugte scheinbar geistesabwesend an seiner erloschenen Pfeife und hörte zu: Was würde Saltyk wohl sonst noch für einen Unsinn von sich geben?

»Na und ob!« sagte Saltyk. »Wenn der Herbst kommt, gehe ich bestimmt wieder dahin! Von dem Leben laß ich nie mehr ab. Da geht es jetzt hoch her«, sagte er mit einem flüchtigen Blick zu Aljona hin und grinste. »Wahrhaftig: Jubel, Trubel, Heiterkeit – den lieben langen Tag, von acht am Morgen bis um zwei in der Nacht. Besonders in den Kurorten, in Pjatigorsk, in Kislowodsk, in Jessentuki ...«

»Das heißt also, wer sich da langweilt, ist selber schuld«, warf Schmarok ein und holte seine flache, hölzerne Tabakdose aus der Tasche seines Halbpelzes.

»Bloß sollte man da gut bei Kasse sein«, fuhr Saltyk fort und beachtete Schmarok gar nicht. »Ohne Geld braucht man da erst gar nicht zu erscheinen. Wenigstens kostet der Wodka dort nichts. Jeder Georgier hat einen riesigen Weinberg. Sie bringen ihn in Fässern zum Basar, daß es nur so plätschert.«

»Kein Wunder, sie haben ja auch das Kapital, ihn zu produzieren«, sagte Jegor. »Das wissen wir genauso gut wie du«, brummte er und merkte, daß ihn wieder Gliederreißen und Schüttelfrost überkamen, und er mußte unablässig an den Halbpelz denken, mit dem er völlig sinnlos das Fenster in der Wächterhütte zugestopft hatte, anstatt ihn anzuziehen und zu überlegen, daß es nach dem Regen zum Abend hin kühl werden würde.

Aber Saltyk beachtete auch diese Bemerkung nicht.

»Da gibt es Boulevards und Gärten, mein Lieber!« sagte er, ohne daß man wußte, an wen er sich wandte.

»Der Garten von Fürst Tschalykow zieht sich über drei Quadratwerst! Nur eines ist dort schlecht: Bei uns ist das Wetter viel beständiger! Aber da – wenn es Nacht wird, kann man ohne Burka keinen Schritt tun: die Kälte! Und auf den Bergen liegt immer Schnee, das ganze Jahr über ...«

Dummkopf! dachte Jegor. Ohne Burka! Frag ihn mal, was eine Burka ist – keinen blassen Schimmer hat er, dieser Infanterist ... »Eine Burka, mein Lieber, ist aus Bärenfell, wo hast du die denn gesehen?« sagte er plötzlich zu seinem eigenen Erstaunen laut.

Er schloß die Augen. »Trostlos ist es jetzt in meinem Unterstand ... Es war ein Fehler, daß ich den Pelz nicht mitgenommen habe, verflixt!« dachte er und blickte in die grüne Flamme des Lämpchens, in die allmählich lila werdende Luft draußen vor dem Fenster, gegen das wieder der Regen peitschte, und dachte an den eintönigen Klang der Ammern im Gebüsch, an das klägliche Tschilpen der Drosseln. Das Mehlsieb klatschte, Anjutka schnaufte, und die beiden Stimmen wechselten einander gleichmäßig ab – die greisenhafte, ächzende Stimme und die junge, selbstzufriedene, gelassene.

»Dort in den Bergen sind überall Wege«, sagte Saltyk. »Und so ein Tscherkesse, der legt sich ins Zeug ... er fliegt richtig, galoppiert, kaum daß der Kopf dranbleibt! Und wenn du aus der Ferne auf die Berge guckst – als ob Wolken aufziehen. Und was Mädchen angeht, ist es dort auch nicht schlecht. Da kannst du nach Tarif zu den Mädchen gehen, für einen Eintritt dreißig Kopeken. Auch wenn du schon alt bist, aber da bringt dich jede in Wallung.«

»Nein, das ist nichts mehr für mich«, erwiderte Schmarok, ruckelte mit den Schultern und kratzte sich in dem hin und her rutschenden Halbpelz. »Früher allerdings war ich den Mädchen gefährlich! Ich wußte, wie ich sie behandeln mußte.«

Jegor grinste und fing an zu erzählen, wie einmal ein Ofensetzer der Tochter eines Generals ein Gesöff mit Bibergeil zu trinken gegeben und sie damit benebelt und dann verführt hatte – er wollte das erzählen und dabei zu verstehen geben, daß dieser Ofensetzer kein anderer als er selbst, Jegor, gewesen war. Doch Aljona unterbrach ihn.

»Es reicht, genug geschwafelt!« rief sie Schmarok in dem scheinbar verärgerten Tonfall zu, hinter dem gesunde Weiber, die mit einem alten Mann verheiratet sind, ihre Vorliebe für delikate Gespräche verbergen. »Es reicht, du schamloser Kerl! Du bist ein alter Mann und redest so ein Zeug daher! Du müßtest längst auf dem Friedhof liegen! Zwei Frauen hast du schon begraben!«

»Was mach ich denn?« fragte Schmarok. »Ich sag doch gar nichts.«

»Es ist ein schönes Volk dort, aufrecht«, fuhr Saltyk fort. »Da gibt es Greise, die werden hundert Jahre alt ...«

Jegor wollte auch hier einwenden: Na und, dann werden sie eben so alt, aber wozu soll das gut sein, fragt sich ... Aber wieder kam er erst gar nicht so weit.

»Ach hör bloß auf damit!« sagte Schmarok. »Wenn

wir nur mal mich nehmen: Siebzig Jahre lebe ich jetzt, sechzehn Leute von meinem Blut habe ich schon begraben, und wenn ich bis hundert leben würde, dann würde es noch mehr Früchte von mir geben … Wo sollen die denn alle hin? Die Leute vermehren sich doch jetzt schon haufenweise, aber dann würden sie sich gegenseitig auffressen, wie die Fische im Meer. Der Alte von gegenüber war neulich da, er ist hundertfünf, sagt er. Aber wenn ihm die Mütze runterfällt, kann er sie nicht mehr selber aufheben.«

»Der vom Gut? Ach was!« rief Aljona fröhlich. »Der fährt noch selbst Wasser holen! Er ist noch ganz gut dabei!«

»Ganz wie meine Alte«, bemerkte Jegor. »Die liebt das Leben! Und ich kann zusehen, daß ich sie satt kriege. Sie ist vielleicht meinen kleinen Finger nicht wert, aber ich hab meinen Kummer mit ihr …«

»Dabei behaupten kluge Leute«, bemerkte Schmarok, »daß man hundert Jahre alt werden kann, und wenn man stirbt, muß man nicht verwesen und nicht vermodern. Man darf bloß, sagen sie, keine erhitzenden Speisen essen. Als ich bei der Herrschaft lebte, da war ein junger Herr, der studierte auf Doktor. Er war ein guter Freund für mich, und er sagte oft, daß jeder Mensch seinen Körper kühlen kann, und wenn er stirbt, würde der Körper nicht verwesen, sondern sich zu Luft verflüchtigen.«

»Ach, die binden einem doch einen Bären auf«, widersprach Saltyk.

»Es gibt Bücher, die das beweisen.«

»Bücher!« grinste Saltyk. »Als ob man mit kaltem Blut leben kann! Überleg doch, was du sagst, du Trottel!«

Jegor, der über die Gleichgültigkeit, mit der man seine Bemerkung über seine Mutter aufgenommen hatte, gekränkt war, mischte sich erneut und dieses Mal ganz mutig ein.

»Und die Fische?« fragte er. »Die können doch mit kaltem Blut leben und sich auch vermehren? Wer ist jetzt der Trottel?«

Saltyk wandte ihm den Kopf zu.

»So-oo!« bemerkte er spöttisch.

Und plötzlich sagte er heftig:

»Fische! Dann sieh dir doch mal an, wie die im Wasser rauf und runter tauchen! Kannst du das auch? Fahr nach Jelez, spring von der Brücke in die Sosna – kannst du auch so tauchen wie die Fische? Da faselst du davon, daß sie kaltes Blut haben, aber leg sie mal ans Ufer: Verflüchtigen die sich etwa? Die können sich nämlich nirgendwohin verflüchtigen!«

»Na, da hat sich einer aber schön blamiert!« fing Schmarok an.

Aber Jegor geriet überraschend in Rage.

»Und ich sage folgendes«, unterbrach er Schmarok und vergaß ganz, wem er eigentlich widersprechen mußte, »ich sage dir, daß unsereins, der arbeitende Mensch, ohne heißes Essen nicht sein kann! Du hast dir eine feiste Visage angefressen, du hast gut reden! Aber ich könnte ohne Essen krank werden! Vielleicht, wenn ich satt wäre … Was ist denn mit deinem feinen jungen Herrn, der Wanst soll ihm platzen – hat er seinen eigenen Körper auch hungern und abkühlen lassen?«

»Als ob du schon viele heiße Speisen gegessen hättest!« rief Saltyk spöttisch dazwischen.

»Da habt ihr euch schön blamiert!« rief nun auch Schmarok und stand auf. »Wir haben nicht genug Geduld, deshalb können wir nicht abkühlen! Guckt euch doch die Heiligen an, die Gerechten, die gottgefällig waren und nicht gegessen und nicht getrunken haben, was haben die denn gemacht? Und der heilige Illarion? Hat der es vielleicht fertiggebracht, sich drei Jahre lang nur von Rettich zu ernähren?«

»Du meinst also, auch meine Alte wird eine Heilige?« rief Jegor und nahm die Pfeife aus dem Mund. »Sie ißt und trinkt nämlich auch nichts … Wir haben nicht einmal einen Rettich …«

»Moment«, sagte Saltyk, »springt euch nicht gleich ins Gesicht.«

Er wandte sich zu Schmarok um und ergriff überraschend Partei für Jegor:

»Heißt das, aus uns beiden könnten auch Heilige werden? Wir kühlen unseren Körper ab, schlagen uns den Bauch mit Rettich voll, und damit hat es sich?«

»Es reicht, hört auf mit dem Gerede!« Aljona übertönte alle anderen und schmiß das Mehlsieb hin. »Ungehobelte Kerle!«

»Recht hat sie!« stimmte Schmarok zu. »Was lästert ihr auch so? Denkt an Gott! Für solche Reden werden wir Dummköpfe büßen müssen, mein Lieber!«

»Ich füge Ihm doch keinen Schaden zu«, erwiderte Saltyk ernsthaft. »Wer hat denn damit angefangen? Du doch, oder etwa nicht?«

Und er verstummte. Auch Schmarok und Jegor verstummten, die aufgebracht waren und nicht wußten, was sie sagen sollten. Aljona ging mit finsterer Miene zur Holzbank, schielte auf den Wischlappen, auf dem Jegor saß, zerrte daran und schrie erbost:

»Laß schon los! Hockt auf dem Lappen – aber ihn kümmert das nicht! Ich glaube, es wird Zeit, daß du nach Hause gehst, du brauchst gar nicht bis zum Abendessen hier hocken!«

»Das geht dich gar nichts an«, versetzte Jegor. »Ich weiß selber, wann es Zeit ist. Dein Abendessen hab ich nicht nötig, aber du kannst mir nicht den Mund verbieten. Ich bleib noch ein Weilchen, dann bin ich weg ...«

Der Regen war vorbei, der Abendhimmel hatte aufgeklart, im Dorf war es still, die Katen waren dunkel: Bis zum Eliastag wird im Sommer kein Feuer entzündet, das Abendessen wird draußen auf einem Stein vor der Kate eingenommen, in der Abenddämmerung. Als er das Haus des Müllers verließ, blieb Jegor einen Moment stehen, überlegte sogar, ob er nicht nach Lanskoje zurückkehren sollte – und wandte sich dann dem Dorf zu, der Landstraße, die sich am Hang über dem kleinen

Fluß zwischen den Höfen hinzieht. Im Halblicht der Dämmerung saßen die Leute barhäuptig um die Steine vor ihren Katen und löffelten aus hölzernen Schalen, die einen kalte Suppe aus Kwaß oder Wasser mit Brotstückchen darin, die anderen Milch. Doch Jegor konnte, als er im Vorbeigehen einen Blick auf die Esser warf, nicht einmal ihre Gesichter richtig erkennen: Ihm flimmerte vor Augen, ein Frösteln überlief ihn, in seinen Gedanken herrschte ein beängstigendes Durcheinander. So gerne hätte er darüber nachgedacht, worüber sie beim Müller gestritten hatten: Alle hatten nur Blödsinn geredet dort, er allein hätte etwas Gescheites sagen können, wenn man ihn nicht daran gehindert hätte, seine Gedanken zu ordnen. So gerne hätte er auch noch etwas entschieden – etwas ganz Dringendes, das Wichtigste überhaupt ... Aber was? Sein Kopf arbeitete mit Hochdruck. Aber es war, als schwebe er über dem Boden. Tiflis vermischte sich in seinem Kopf mit den Fischen, Saltyk mit Anissja, die Frage, ob man nichts essen und seinen Körper auskühlen könne, ließ sich nicht entscheiden, weil seine Erbitterung über Aljona, über ihr breites Hinterteil und ihre rauhe Einhöferstimme ihm keine Ruhe ließ. Jegor schritt hastig auf der Straße dahin und befürchtete, er würde den Schmied nicht zu Hause antreffen oder der Schmied könnte sich schon schlafen gelegt haben, und dann würde er weder einen ausgiebigen Schwatz halten noch beweisen können, daß beim Müller alle nur dummes Zeug geredet hatten ... Doch der Schmied war zu Hause.

Der Schmied war ein unverbesserlicher Säufer und ebenfalls der Meinung, gescheiter als er sei niemand im ganzen Dorf, und er würde trinken, weil er so gescheit war. Wäre er sonst Schmied geworden? Er hatte sich sein Lebtag nicht mit seinem Schicksal abfinden können, hegte eine glühende Verachtung für das Dorf, war in nüchternem Zustand kalt und boshaft und wurde rabiat, wenn es ihm gelang, drei oder vier Tage hintereinander zu trinken. Dann lief er mit einem Radschlüssel herum, zettelte Krach mit jedem an, der ihm über den Weg lief, brach vor dem Fenster des Krämers, der an Feiertagen immer in der Kirche sang, in brüllendes Gelächter aus und forderte ihn zum Sängerwettstreit heraus. Oder er ging in die Schule, wollte die kleinen Jungen in Religion examinieren und drohte der Lehrerin, sie auf der Stelle mit dem Radschlüssel zu erschlagen, sollte es auch nur einen einzigen Fehler geben. Wenn er dann einen Kater hatte, war er ganz zerknirscht. In diesem Zustand traf ihn Jegor an.

Er saß vor der Schmiede, am Hang oberhalb des kleinen Flusses, oberhalb der tiefen Stelle, gegenüber der Wassermühle. Mattrot glomm der Sonnenuntergang hinter der Mühle, dort, wo der durchscheinend-grünliche Horizont mit der dunklen Erde verschmolz. Es war noch hell an dieser Stelle des Flusses, der wie Stahl zwischen den Wiesen lag. Aber das andere Ufer, wo die Mühle stand, war schon ganz dunkel: Nur am Widerschein im Wasser konnte man erahnen, daß dort Bäume standen. Während er vor der Schmiede saß, die

Ellbogen auf die Knie gestützt, überlegte der Schmied, wie dumm unsere Generäle sich im Krieg mit den Japanern verhalten hatten. An einem Abend wie diesem zum Beispiel … was hätte es da die Japaner gekostet, bis unmittelbar an unsere Truppen heranzukommen? Unsere Generäle, diese Schlauköpfe, hätten bestimmt mit ihren Fernrohren über den Fluß geguckt, zum anderen Ufer, in die Dunkelheit, wo nichts zu sehen war, und dabei hätten sie überhaupt nicht dahin gucken sollen, sondern in den Fluß, wo sich jeder Baum und jede lichte Stelle zwischen den Bäumen spiegelt … Diese Gedanken verkündete der Schmied unverzüglich Jegor, kaum daß dieser näher gekommen war, ihn begrüßt und sich neben ihn auf den Hang gesetzt hatte. Und Jegor, der sich freute, daß der Schmied Tabak hatte, daß der Schmied in seinem Katzenjammer eigentlich gar nicht an die Generäle dachte, blickte sich nach allen Seiten um, räusperte sich und wartete darauf, daß der Schmied seinen Gedanken zu Ende dachte. Wie Jegor hatte auch der Schmied einen leichenblassen Körper, und der Wind blähte sein Hemd – ein altersschwaches Kattunhemd voller winziger Brandlöcher – von hinten immer wieder auf. Auch der Schmied hatte einen struppigen Kopf, aber nicht so wie Jegor, wie ein Bauer, sondern wie ein Handwerker oder Arbeiter. Seine Haare und sein Bart waren furchtbar schwarz und ölig, sein Gesicht war dunkel und ölig, die Augenbrauen waren schmerzlich verzerrt, die Augen glänzend. Ein leichter Wind blies, der dunkle Fluß kräuselte sich; der Schmied fröstelte. Doch plötzlich stand er auf, stellte sich mit dem einen Stiefel auf die Spitze des anderen und begann flugs, sich die Stiefel und die Kleider vom Leib zu ziehen.

»Bist du verrückt geworden?« rief Jegor mit einem erschrockenen Blick auf den hageren, kreidigen, im Dämmerlicht weiß aufleuchtenden Körper, als der Schmied mit seinem zerzausten Haar sich das Hemd vom Körper riß. »Bist du verrückt geworden? Dir bleibt doch im Wasser das Herz stehen bei dieser Kälte!«

»Von wegen!« rief der Schmied mit heiserer Baßstimme.

Er brach plötzlich in lautes Gelächter aus, warf die Hose und die Unterhose ab und nahm Anlauf, um ins Wasser zu springen:

»Se-gne mich, o He-e-err!«

Er wußte sehr gut, daß das eisige Wasser ihm augenblicklich Entschlossenheit und Findigkeit verleihen würde. Tatsächlich blieb ihm im Wasser beinahe das Herz stehen, doch er war uneinsichtig: Er schnaubte, tauchte und schwamm … Zähneklappernd sprang er dann ans Ufer, streifte ungeschickt und hastig die Hose über den nassen Körper, schlüpfte in das Hemd und machte unterdessen Jegor in bestimmtem Ton klar, er habe nicht die Absicht zu verrecken, seine Seele sei ihm mehr wert als die Räder. Welche Räder er meinte, brauchte er Jegor nicht zu erklären: Der verstand sofort, daß beim Schmied irgendwelche Räder herumlagen, die man ihm zur Reparatur gebracht hatte, und daß man schnellstmöglich zwei Räder nehmen und damit zum Müller laufen müßte, der heimlich mit Wodka handelte. Es war noch keine halbe Stunde vergangen, da saßen Jegor und der Schmied schon in der Schmiede, bei einer kleinen Blechlampe, die auf der Esse neben der Flasche und einem Töpfchen mit kaltem Hirsebrei stand, und führten eine lebhafte Unterhaltung darüber, ob man wohl heilig werden könnte, wenn man sich nur von Rettich ernähren würde, und ob man seinen Körper abkühlen könnte, damit er nach dem Tod nicht verwesen würde …

In der zweiten Stunde der Nacht, beim Schein des Mondes, der im matt schimmernden Getreide versank, machte Jegor sich schwankend und mit den Armen schlenkernd in zügigem Schritt auf nach Lanskoje. Er verspürte keine Besorgnis mehr, keine Traurigkeit und keine Zerschlagenheit. Federnde Wellen schienen seinen selig überspannten Körper zu tragen. Silbrig funkelnder Tau lag auf den feuchten, duftenden, üppigen Blumen und Gräsern. Am stärksten duftete Jegors Lieblingspflanze, der Wermut. Die Büsche und Sträucher, deren Spitzen unter dem gen Süden versinkenden Mond glänzten, warfen lange, dunkle Schatten. Die Streifen von Licht und Schatten dazwischen schufen etwas Märchenhaftes für seine betrunkenen Augen, märchenhaft hell war die weite Ferne hinter dem Buschwerk und den Feldern, über denen in silbriger Klarheit schon ein großer, rosagoldener Stern flimmerte. Durch die betauten

Kletten raschelnd und vor sich hin summend, trat Jegor forsch auf die Tür zu, zog am Türgriff – und blieb auf der Schwelle seiner winzigen, schummrigen Kate stehen. Totenstille überzog die ganze Welt in dieser Stunde vor Tagesanbruch. Totenstille erfüllte auch die Wächterhütte. Und in dieser Stille, im schläfrigen Halblicht schimmerte reglos etwas Schwarzes auf der Bank unter den Heiligenbildern. Und als Jegor genau hinsah, begann er plötzlich mit so entsetzlicher, heiserer Stimme zu schreien, daß der alte schwarzgraue Hund unter lautem Rascheln aus den Kletten hervorgesprungen kam …

III

Gurjew hatte zum Begräbnis einen roten Schein geschenkt. Und es wurde, womit niemand gerechnet hätte, ein vortreffliches Begräbnis. Alles wurde so durchgeführt, wie es sich gehörte – auch wenn es nicht so recht zu Anissja paßte.

Langsam und in großen Abständen, anfangs hell klingend, klagend und dann immer lauter und strenger, sanken die Glockenschläge vom Kirchturm herab. Dieses Herabsinken wurde immer wieder jäh und disharmonisch unterbrochen von einer Terz von Baß und Alt. Daraufhin trat immer ein langes Schweigen ein. Man hörte nur – hinter den Salweiden auf der Straße nach Lanskoje – langgezogenen und immer näher kommenden Kirchengesang: Der Pope und der Diakon gingen auf der Straße dem Bauernwagen entgegen, mit dem man Anissja aus Lanskoje brachte. Vom Gutshof und über die Straße am Hang kamen die Weiber zur Wiese gelaufen. Stolpernd und mit dem Kind auf dem Arm, kam Marja herbeigerannt. Der Müller, barhäuptig, und die Müllerin standen auf der Schwelle. Der Westwind blies, und von der anderen Seite des Flüßchens zog wieder eine in düsterem Dunkelblau leuchtende Regenwolke auf.

Der Weg zwischen den Salweiden am Dorfausgang von Gurjewo ist leicht abschüssig. Die kleine Schar unter Führung des mit einem schweren, schwarzen Rock bekleideten Schmieds, der den länglichen Sargdeckel auf dem Kopf trug und beim Gehen schwermütig sang, zeichnete sich aus der Ferne hoch vor dem wolkigen Himmel ab. Das Kaliko, das über den Sargdeckel geworfen war, leuchtete weiß und flatterte im Wind. Die Leute gingen bedächtig, setzten einen Fuß vor den anderen, aber man konnte schon erkennen, daß diese dunklen Gestalten mit den windzerzausten Haaren eine lange, auf Tüchern ruhende Kiste trugen, die schwarz und an den Kanten orangerot gesäumt war. Laut und eindringlich erklangen die Stimmen des Popen und des Diakons. Sie gingen wie üblich langsam, hielten unterwegs inne, schwenkten das Weihrauchfaß und wiederholten, sich selbst mit ihren Baßstimmen erschreckend, immer wieder ein und dasselbe, bald unheildrohend, bald demütig. Alles sollte möglichst feierlich und streng wirken. Aber die, für die das alles veranstaltet wurde, war auch jetzt genauso ergeben und schlicht wie zu Lebzeiten. Dunkel und hager war sie; ihr eingetrocknetes Köpfchen war schmal geworden und mit einem neuen schwarzen Tüchlein bedeckt. Auf ihrer Brust schimmerte gelb ein hölzernes Heiligenbildchen. Brokat bedeckte die schmale schwarze Kiste, in der sie ruhte, bis zur Hälfte – Brokat, das Zeichen von Königlichkeit. Und dieser Brokat war so morsch, so schmutzig und löchrig: Mein Gott, wie viele hatte er schon bedeckt! Der Diakon von Gurjewo, ein silbergrauer Mann, der stets nur besorgt an seinen Bienenstand dachte, sah mit seiner ganzen gebeugten, riesigen Statur und dem kurzen, aber breiten Gesicht aus wie ein Tier. Der gelbhaarige Pope, schwach und willenlos und immer angetrunken, lispelte. Die Meßgewänder und die Stolen waren so verschlissen, daß die silberne Stickerei in langen, glänzenden Fäden herunterhing. Ärmel, Säume, Galoschen – alles war in völliger Übereinstimmung mit den matschigen oder staubigen Wegen, mit den Bauernwagen und dem dünnen Strohmist auf diesen Wagen.

Auf der Wiese, wo die herrschaftliche Herde geweidet wurde, hielt der Pope die Feierlichkeit nicht länger aufrecht: Er begann sich zu beeilen, sprach undeutlicher und blickte immer wieder zum herrschaftlichen Bullen hinüber – erst kürzlich hatte dieser Bulle einen Hirtenjungen auf die Hörner genommen. Auch auf das Wärterhäuschen an der Kirchenmauer blickte der Pope immer wieder: Auf der Vortreppe des Wärterhäuschens stand ein Flechtkorb, mit einem Tischtuch umwickelt, und in diesem Flechtkorb befand sich die »Popenspeise«: Piroggen aus gesiebtem Weizenmehl, ein gebratenes Huhn, eine Flasche Wodka – das, was dem Klerus für ein Begräbnis zukam, abgesehen vom Geld. Eilig führte der Pope die sich zusammendrängende Schar durch das Kirchenportal. Der Wind ließ seine dünnen, dunkelblonden Haare wehen, die Hälse der Sargträger waren rot, wundgerieben von den Tüchern, die Gesichter bekümmert. Bekümmerter als alle anderen bemühte sich Jegor zu erscheinen, der mit dem Tuch über der Schulter am Kopfende des Sarges ging.

In der Kirche wurden alle ein wenig schüchtern. Sie verstummten – und nur noch Gescharre und Getrampel waren zu hören: Vorsichtig wurde der Sarg auf den Boden hinuntergelassen. Der Pope befreite seine kleinen Hände, die weich und zittrig waren wie bei allen Alkoholikern, aus der Kutte, um von einem hellgolden flammenden Bündel einzelne kurze, dünne Kerzen zu lösen und sie zu verteilen. Anschließend begann er laut und mechanisch zu verkünden. Man sah Finger, die zum Bekreuzigen zusammengelegt wurden, Köpfe, die sich verneigten und wieder zurückgeworfen wurden. Innig bekreuzigten sich die alten Frauen, die Augen zur Ikonostase erhoben. Die über die Menge verteilten Flämmchen glänzten, klirrend wurde das Weihrauchfaß emporgeschwungen. Sie gingen mit großen Schritten um den Sarg herum, beweihräucherten Anissja und verneigten sich vor ihr, sprachen schnell in der feierlichen Sprache, die in Anissjas bitterarmer Heimat längst vergessen war, sangen disharmonisch und heuchlerisch-demütig, zeigten sich ergriffen, daß sie nun Königen und Herrschern gleich sei, und drückten die Hoffnung aus, daß sie des Geistes der Gerechten teilhaftig werden und Ruhe finden könne. Anissja aber vernahm diese Tröstungen nicht mehr. Kein Blutströpfchen war mehr in ihrem bleichen, bläulichen Gesicht. Das lilafarbene Lid des rechten Auges war geschlossen, die dünnen Lippen waren grindig, verklebt und trocken geworden. Ihre eisige Stirn war schon mit der Krone des höchsten Ruhms gekrönt – mit einem vergoldeten Papier. Und in ihrer grauwächsernen, durchscheinenden Hand, in den gekrümmten Fingern, unter deren Nägeln sich dunkle Pünktchen toten Bluts abhoben, steckte schon der Ablaß – der ewige Ablaß vom Antlitz der Erde …

Jegor blickte in den Sarg und bekreuzigte sich weit ausholend und häufig. Er spielte die Rolle, die sich für ihn am Sarg seiner Mutter geziemte. Er blinzelte, als müsse er jeden Moment weinen, verbeugte sich tief und neigte dabei die tropfende Kerze, die er fest zwischen seine Fingerstümpfe geklemmt hatte. Aber seine Gedanken waren weit weg und liefen wie immer in zwei Bahnen. Dunkel überlegte er, daß sich sein Leben komplett verändert hatte – ein anderes, vollkommen freies Leben hatte begonnen. Und er dachte daran, wie er nachher am Grab essen würde – ohne Eile und mit Sinn und Verstand …

Das tat er dann auch, nachdem er Erde auf seine Mutter geworfen hatte: Er aß und trank bis zum Umfallen. Und gegen Abend tanzte er ebendort, am Grab, zum Ergötzen aller – tapsig verrenkte er die Bastschuhe, warf die Schirmmütze zu Boden und machte kichernd allerlei Mätzchen; er betrank sich so heftig, daß er bald gestorben wäre: Man zog ihm sogar die Ohren lang. Er trank auch am nächsten und am übernächsten Tag … Dann kehrte in seinem Leben wieder der Alltag ein.

Dieser Alltag war nicht mehr derselbe wie zuvor. Jegor war gealtert, hatte resigniert – in nur einem Monat. Das Gefühl einer eigenartigen Freiheit und Einsamkeit, das ihn nach dem Tod der Mutter befallen hatte, trug viel dazu bei. Solange sie lebte, war er sich selbst jünger vorgekommen, war er noch mit etwas verbunden, wußte er noch jemanden hinter sich. Als seine Mutter starb, wurde aus Anissjas Sohn einfach Jegor. Und die Erde – die ganze Erde – schien öde und leer. Und ohne Worte sprach jemand zu ihm: Nun, und was jetzt, na?

Er dachte nicht über diese Frage nach – er spürte sie nur. Und auch den Jungen aus Paschen, mit denen er in der Nacht zum vierten August die Pferde auf der Nachtweide hütete, etwa drei Werst von Paschen entfernt, am Bahndamm, fiel nichts Besonderes auf an seinem Gesicht. Er war im Morgengrauen unvermittelt aufgewacht und hatte sich plötzlich aufgesetzt, ganz blaß.

»Was ist, Onkel Jegor?« rief der Junge, der neben ihm lag, erschrocken aus.

Jegor war ganz blaß und lächelte schwach.

»Ach ... Es kam mir so vor ...«, murmelte er. »So was auch ... Als ob sie da sitzt und mich anschaut ...«

Und er legte sich wieder hin.

Es war noch früh. Ein dunstiger, frühherbstlicher Sprühregen ging über den leeren Feldern nieder. Jegor lag da, hatte sich mit seinem Halbpelz zugedeckt, rauchte, hustete und erzählte den Jungen, die erwacht waren, gemächlich, wie er ohne die Gerichte zu fürchten seine Stellung aufgegeben und Lanskoje verlassen habe. Beim Erzählen hängte er an jedes Wort ein Schimpfwort an. Als er fertig war, horchte er auf den immer näher kommenden Lärm eines Güterzugs. Der Lärm wuchs an und näherte sich immer drohender, immer eiliger. Jegor lauschte gelassen. Plötzlich fuhr er auf, er sprang nach oben, die Böschung hinan, den zerfetzten Halbpelz über den Kopf geworfen, und stürzte sich mit der Schulter voran unter den Koloß der Lokomotive. Die Lokomotive stieß ihn leicht gegen die Wange. Jegor drehte sich wie ein Kreisel, flog mit dem Kopf auf den Bahndamm und mit den Beinen auf die Schienen. Und als der Zug mit ohrenbetäubendem Lärm vorübergedonnert war, daß die Erde erbebte, da sahen die kleinen Jungen, daß neben den Schienen etwas Furchterregendes zuckte, sich wälzte. Im Sand zuckte das, was einen Augenblick zuvor Jegor gewesen war, es zuckte, tränkte den Sand mit Blut, warf zwei dicke Stümpfe nach oben – zwei Beine, erschreckend in ihrer Kürze. Zwei andere Beinstücke, in Fußlappen gehüllt, in Bastschuhen steckend, lagen auf den Eisenbahnschwellen. Diese, an den Knien abgerissen, mit frischen, spitz aus dem Fleisch herausragenden Knochen, drehten sich in der Luft. Auch Jegors ganzer Rumpf drehte sich und schlug eine Grube unter sich. Er war ohne Mütze, zottig und weißlich, totenbleich im Gesicht, die Augen waren geschlossen, aus dem rechten Kiefer pulsierte, als sei er mit einem Nagel durchschlagen, scharlachrotes Blut. Röchelnd und an seinem Blut erstickend, murmelte Jegor wie in einem schweren trunkenen Schlaf, versuchte angestrengt zu sagen: »Ach du meine Güte!« und brachte nur heraus: »...ch ... eine ...üte!« Und über das leere, herbstliche Feld, im Dunst des feinen Sprühregens, kam schon Volk gerannt, schreiend und die Arme schwenkend. Alarmierend schrillte das Signalhorn des Streckenwärters, der aus seinem Häuschen hervorgesprungen war, gegen den Wind hinüber zum nächsten Wärterhäuschen. Die Weiber aber, die atemlos und mit pochendem Herzen zum Bahndamm stürzten, überschütteten den gottlosen Selbstmörder mit wüsten Beschimpfungen.

Nach einer halben Stunde, als die Kräfte des am Boden Zuckenden vollends geschwunden waren, kam von der sich am Horizont dunkelblau abzeichnenden Bahnstation her unter Getöse rückwärts eine Lokomotive mit einem einzelnen Güterwaggon angebraust. Polternd schoben ein Feldscher und der Schaffner die Tür des Waggons beiseite, dann sprangen sie hinunter auf den Boden, packten die Beine, die auf den Schienen lagen, packten auch den Rumpf, warfen beides in den

Waggon, auf den schmutzigen und vom Vieh besudelten Boden – und die Lok brauste laut schnaufend und donnernd wieder zurück. Im selben Moment hörte der Rumpf auf zu zucken …

Das war am Vierten geschehen. Am Sechsten gegen Abend, als die Sonne durch das große Fenster des Bahnhofs in den von bläulichem Qualm erfüllten Raum schien, standen auf einem runden Tisch vor einem Diwan fünf leere Bierflaschen. Mit von Bier, Qualm und Sonne geröteten Gesichtern erhoben sich der Doktor, ein graugelockter Alter mit blauer Brille, Hut und Kragenmantel, und ein Untersuchungsführer in Uniform. Sie öffneten mühsam die in den Angeln quietschende Tür, die auf den heißen Bahnsteig hinausführte, und gingen über den Bahnsteig zu einer Hebebühne.

Dort wartete schon seit zwei Tagen ein braunroter Güterwaggon auf sie. Dort, in einer windstillen Ecke, tschilpten wie alle Tage die Spatzen, die Unrat und Getreidekörner pickten und damit den ganzen Vorplatz übersät hatten. In einem rauschenden Schwarm stiegen die Spatzen auf, als die Männer näher kamen. Zwei Wärter rollten die Türen des Waggons zurück, schoben sie beiseite. Der Doktor rückte seine Brille zurecht und blickte, geblendet von der grellen Sonne, lange in die Tiefe des Waggons. Dort herrschten Finsternis und Gestank – der Gestank nach verfaultem und wie gebratenem Fleisch. Der schwere, breite, kurze Rumpf eines zottligen Bauern lag flach und mit dem Bauch nach unten in einer Ecke – ohne Beine, in zerfetzten Hosen und einem Hanfhemd, das mit großen, dunkelkirschroten Flecken übersät war.

»Was gibt es da zu sehen? Begraben muß man ihn«, sagte der Doktor.

Und der fröhliche Hof in Paschen wurde auf ewig öd und leer.

Ohne Titel

Um ein Uhr in der Nacht, im Winter, auf dem Lande, dringt aus den hinteren Räumen klägliches Kinderweinen ins Kabinett des alten Hauses. Das Haus, das Gut, das Dorf – alles schläft schon längst. Bis auf Chruschtschow – er leidet an Schlaflosigkeit. Es ist einer seiner kleinen Neffen, der da weint. Geistesabwesend legt Chruschtschow den Bleistift auf dem Tisch ab und läßt seine müden Augen auf den Kerzenflammen verweilen: Wie wunderschön das alles ist! Wahrhaftig, selbst an dem hellblauen Stearin und an den Kerzen kann man sich erfreuen!

Die Flammen, goldflirrende Spitzen über durchsichtigen, leuchtendblauen Dochten, flackern sachte, und das glänzende Blatt des großen französischen Buches blendet. Chruschtschow hält die Hand vor eine Kerze – die Finger werden durchsichtig, die Ränder der Handfläche schimmern rötlich. Augenblicklich vergißt er alles, was er gelesen und gedacht hat, und wie in der Kindheit kann er sich nicht satt sehen an der zarten, hellroten Flüssigkeit, durch die im Gegenlicht leuchtend sein eigenes Leben hindurchschimmert.

Das Weinen erklingt lauter – kläglich, flehend.

Chruschtschow steht auf und geht in Richtung des Kinderzimmers; seit langem schon kann er nicht gleichgültig hören, wenn ein Kind weint. Er durchquert den dunklen Salon – matt schimmern darin das Gehänge des Kronleuchters und der Spiegel –, er durchquert das dunkle Diwanzimmer und den dunklen Saal, sieht durchs Fenster die Mondnacht draußen, die Tannen im Vorgarten und die blaßweißen Schichten, die schwer auf den schwarzgrünen, langen pelzigen Zweigen lasten. Die Tür zum Kinderzimmer steht offen, als hauchfeiner Dunstschleier hängt darin das Mondlicht. Durch das breite, vorhanglose italienische Fenster blickt schlicht und friedlich der schneebeglänzte Hof herein. Bei der Tür schimmert etwas Dunkles am Boden – wie eine Tote liegt dort ein Mädchen, die Njanja. Bläulichweiß leuchten die Kinderbetten. In dem einen schläft tief und fest Stassik, in dem anderen Lilja. Auch die Holzpferde schlafen, die weißblonde Puppe schläft, ihre runden Glasaugen verdreht, auf dem Rücken, und die Schachteln schlafen, die Kolja so eifrig sammelt. Er ist es auch, der aufgewacht ist – der Kleinste und Empfindlichste, mager, mit seinem großen Kopf und den großen braunen Augen … Was ist los?

Wie immer hat er sich plötzlich aufgerichtet, im Bett aufgesetzt und weint nun bitterlich, untröstlich. Er streckt dem Onkel die Ärmchen entgegen und schluchzt noch kläglicher, und dabei schläft er fest.

»Was ist denn los, liebes Kind?« flüstert Chruschtschow, während er sich auf der Bettkante niederläßt, das Gesichtchen des Kindes mit einem Taschentuch abwischt und den schmächtigen kleinen Körper umfaßt, der sich durch das Hemdchen so rührend anfühlt mit seinen zarten Knochen, der schmalen Brust und dem pochenden kleinen Herzen.

Er nimmt das Kind auf den Schoß, wiegt es und küßt es behutsam. Es schmiegt sich an ihn, bebend vor Schluchzen, und wird allmählich still ... Was ist es nur, was das Kind schon die dritte Nacht weckt?

Der Mond schlüpft hinter ein leichtes, weißes Gekräusel, das Mondlicht, das das Kinderzimmer erhellt, vergeht, verblaßt, verlischt – und einen Augenblick später nimmt es wieder zu, breitet sich aus. Wieder erglänzen die Fensterbretter und die schrägen goldenen Quadrate am Boden. Chruschtschow lenkt seinen Blick vom Boden und vom Fensterbrett hin zum Rahmen, sieht den hellen Hof, und da fällt es ihm wieder ein: Das ist es – sie haben schon wieder vergessen, dieses weiße Untier zu zerstören, das die Kinder aus Schnee gebastelt und mitten auf dem Hof, gegenüber vom Fenster des Kinderzimmers, aufgestellt haben! Am Tag hat Kolja eine ängstliche Freude daran – das Untier hat einen menschenähnlichen Rumpf, einen gehörnten Stierkopf und kurze, abgespreizte Arme –, aber nachts spürt er im Schlaf seine furchterregende Anwesenheit, setzt sich plötzlich im Bett auf und fängt, ohne richtig zu erwachen, bitterlich an zu weinen. Ja, dieser Schneemann ist wahrhaftig furchterregend, besonders wenn man ihn von weitem, durch die Fensterscheiben betrachtet: Die Hörner glitzern, und vom Kopf und von den abgespreizten Armen fällt ein schwarzer Schatten in den grellleuchtenden Schnee. Aber wehe, wenn man versucht, ihn zu zerstören! Dann veranstalten die Kinder von morgens bis abends ein Geheul, obwohl er sowieso allmählich schmilzt: Bald wird es Frühling, die Strohdächer sind mittags naß und dampfen …

Chruschtschow legt das Kind behutsam auf das Kissen, schlägt das Kreuzzeichen über ihm und geht auf Zehenspitzen hinaus. Im Flur stülpt er sich den Wildlederhut über den Kopf, zieht die Wildlederjacke an, knöpft sie zu, reckt den schwarzen, schmalen Bart empor und überlegt: Zerstören oder nicht? Dann öffnet er die schwere Tür zum Windfang und geht über den knirschenden Pfad um die Ecke des Hauses. Der Mond steht niedrig über dem lichten Garten, der an manchen Stellen durch die weißen Schneewehen dringt, und leuchtet hell, aber blaß und still, wie immer im März. Muschelschälchen von leichtem Wolkengekräusel ziehen hier und da über den Himmel. Leise blinken in der tiefen, klaren Bläue zwischen ihnen vereinzelte hellblaue Sterne. Eine feine Schicht Neuschnee hat den festen, alten Schnee überstäubt. Von der Banja im Garten mit ihrem gläsern funkelnden Dach kommt der Jagdhund Saliwka gelaufen. »Grüß dich«, sagt Chruschtschow in Gedanken. »Wir beiden sind die einzigen, die diese Nacht nicht schlafen. Es ist schade zu schlafen, das Leben ist kurz, und erst spät begreift man, wie schön es ist …«

Er nähert sich dem Schneemann und zögert einen Moment. Dann tritt er entschlossen mit dem Fuß dagegen. Die Hörner fliegen hinunter, der Stierkopf stiebt in weißen Klumpen auseinander … Schön ist das Leben, zum Teufel mit allem, was einem die Freude daran vergällt! Noch ein Tritt – und zurück bleibt nur ein Haufen Schnee. Vom Mond beschienen, die Hände in den Taschen seiner Jacke vergraben, steht Chruschtschow lange davor und blickt auf das funkelnde Dach. Er neigt sein blasses Gesicht mit dem schwarzen Bart und dem großen Wildlederhut zur Schulter hin und versucht, die Schattierung dieses Funkelns zu erhaschen und zu bewahren. Jetzt müßte er ins Kabinett zurückkehren und einfach, einfach alles aufschreiben, was er soeben empfunden und gesehen hat …

Dann dreht er sich um und geht langsam über den Pfad vom Haus zum Viehhof und zurück. Zu seinen Füßen läuft ein schräger Schatten über den Schnee. Als er die Schneewehen erreicht, bahnt er sich einen Weg zum Tor. Das Tor ist verriegelt, steht aber einen Spaltbreit offen. Er späht durch den Spalt, durch den scharf der Nordwind bläst. Voller Zärtlichkeit denkt er an Kolja, denkt daran, daß alles im Leben anrührend ist, sinnvoll und bedeutsam. Sehnsüchtig blickt er auf den Hof. Kalt ist es dort, aber behaglich. Unter den Vordächern ist es dämmrig. Grau schimmern die Schafe in der Ecke, die sich zu einem Haufen zusammengedrängt haben und im Stehen schlafen. Grau schimmern die schneebedeckten Vordergestelle der Wagen. Über dem Hof ist der dunkelblaue Himmel mit vereinzelten, großen Sternen. Die eine Hälfte des Hofs liegt im Schatten, die andere Häfte ist hell erleuchtet. Die alten, struppigen weißen Pferde, die in diesem Licht dösen, sehen grün aus.

Der Tod

Im Namen Gottes, des Gnädigen und Barmherzigen.

Dies ist die Erzählung vom Tod des Propheten – Friede sei mit ihm! –, auf daß die Zweifelnden von der Notwendigkeit überzeugt werden, sich dem Führer zu unterwerfen.

»Wir sahen und sehen ihn nicht«, sagen sie. Aber die Sonne ist nicht schuld, daß den Augen der Fledermaus die Sehkraft versagt ist. Das Herz des Menschen sucht Glauben und Schutz. Wer kommt denn zum Schutz der Eule herbei? Besser vom Schatten des Phönix zu träumen, auch wenn der Phönix auf der Welt nie existiert hat. Der Schatten des Schöpfers aber existiert seit Menschengedenken.

Die Hyäne folgt dem Löwen: Der Löwe weiß, wo die Beute ist, und die Hyäne ernährt sich von den Resten seines Mahls. So folgten die Juden dem Propheten aus Ägypten. Durch die Gnade Gottes vollbrachte er die große Tat.

Er erfuhr die Süße des Traums, des Erwachens und der Liebkosung in seiner Kindheit. Die Tochter des Königs wiegte ihn in ihren dunklen, runden Armen, die glatt waren wie eine Schlange, aber warm wie eine Frucht in der Sonne. Freudig und unverwandt blickte sie ihn an mit schwarzen, über ihm glänzenden Augen, ungestüm küßte sie ihn und preßte ihn gegen ihre kalte Brust, geziert drückte sie ihn, wie es alle Mädchen tun. Beim Gedanken daran ruft nicht nur einer im Herzen aus: »Warum war ich damals kein Jüngling!« Aber alles hat seine Zeit.

Der Pharao gab ihm den Ring der Macht und die Kleidung eines Höflings. Wenn die morgendliche Kühle von der Wärme der Sonne abgelöst wurde, wenn auf dem Basar der Dill gewässert wurde, um den Geruchssinn der Käufer zu betören, wenn es aus den Schornsteinen nach getrocknetem Kuhmist und vom großen Fluß her, über den langsam und paarweise hohe weiße Segel dahinzogen, nach Nebel roch und der Büffel, mit spärlichem Bart und grau und grindig wie ein Schwein, sie stumpf anstarrte und sich aus dem Schlamm am Ufer erhob, dann machte sich der Prophet im Gefühl seiner Kraft und Frische in einem Wagen auf, die Feldarbeiten zu überwachen, wobei er Faulpelzen mit der Peitsche eins über den Kopf geben und sie anfahren konnte, bis sein Gesicht rot anlief, um dann voller Wonne und im Bewußtsein, seine Pflicht getan zu haben, im luftigen Schatten der Palmen auf dem trockenen Damm zwischen den Kanälen auszuruhen.

Zum Manne gereift, verbrachte er zehn Jahre im Ehestand. Er schlief mit einer reichen, wohlbeleibten Frau, erfreute sich bei Nacht an ihr und bei Tag an seinen Anordnungen und Anliegen, an Speise und Trank, an der Leichtigkeit des Körpers, der die trockene Hitze im Innenhof, auf den heißen, steinernen Fliesen ebenso liebte wie den kühlen Hauch des Windes, der vom Fluß und von den blühenden Gärten der Insel her durchs Haus zog. Er war stolz auf seine Kinder, auf sein Haus und auf die Ehrerbietung der Menschen. Und er war glücklich wie viele. Doch eine unsichtbare Hand spannte den Bogen seines Lebens; sie prüfte die Bogensehnen und den Schaft und machte sich bereit, die Pfeile der Wahrheit abzuschießen. Noch einmal zehn Jahre verbrachte er mit der Arbeit von Geist und Herz, im schweigenden Erkennen der Weisheit Ägyptens, denn der Mauer voraus geht das Fundament, der Rede aber der Gedanke. Und er sprach zu den Priestern: »Ihr Narren! Bei Sklaven, die unter der Gluthitze leiden, ist es entschuldbar, wenn sie ihre Arme zur Sonne heben und sie anrufen wie Gott. Doch die Sonne ist nicht Gott. Niemand kann Gott sehen. Er ist unergründbar. Man kann ihn nur fühlen. Er ist einzig. Er hat keine Kinder.« Da wurde der Pharao, wie ein wilder Esel oder ein Truthahn, vom Zorn gepackt. »Wer wagt es, ohne meine Einwilligung zu leben und zu glauben?« rief er aus. »Er trägt keine kostbaren Ringe am Finger, keine Kette am Hals. Er ist mein Sklave. Ich werde ihn und sein ganzes Volk verfolgen lassen. Ich werde aufleuchten wie der Blitz und betäuben wie der Donner.« Der Prophet aber spannte seine Kräfte an, wie ein Mensch, der vor der Besteigung eines steilen Berges steht, und ging seinen Weg furchtlos und unbeirrt.

Moschus wird zerrieben und Aloe legt man aufs Feuer, damit sie Duft abgeben. Ein Taucher könnte keine einzige Muschel pflücken, wenn er sich davor fürchten würde, beim Eintauchen ins Meer die Luft anzuhalten. Und als die Zeit gekommen war, den allerschwersten Stein für das Gebäude aufzuheben, ihn auf das Knie zu heben, fester zu packen und zu tragen, hob der Prophet ihn bis zur Leiste, daß es schmerzte. Vierzig Jahre lang trug er ihn in der Wüste, angespannt, bis zur Erschöpfung und freudig in der Erkenntnis dessen, daß er den Willen Gottes tat und nicht denjenigen des Pharao. Und als er an den Ort kam, der vom Erbauer bestimmt war, ließ er ihn ruhig und fest hinunter, richtete sich auf und wischte den Schweiß vom Gesicht – mit zitterndem, geschwächtem und bis zur Schulter hinauf schmerzendem Arm.

Und es war für ihn an der Zeit zu sterben.

Er hatte den wahren Gott erkannt. Er hatte die Überzeugung erlangt, daß es töricht war, Ihn als Götzenfigur aus Stein, Lehm oder Metall abzubilden. Gott hatte ihm die große Tat auferlegt, das jüdische Volk von der Sklaverei und der Versuchung des Götzendienstes zu befreien: Und er hatte die seidenen Netze der Welt zerrissen, sich erhoben und die Oberhand im Kampf gewonnen. Gott hatte ihm eine Prüfung geschickt: vierzig Jahre lang Führer der Widerspenstigen und der Schwachen zu sein, sie anzuführen und zu belehren in der glühenden Hungerwüste. Und vierzig Jahre lang war er gebieterisch gewesen wie ein König, unermüdlich wie ein Tagelöhner, beansprucht durch die Kinder, arm wie ein Hirte, stark und groß wie ein Kämpfer, mächtig und rothaarig wie ein Löwe. Sein Körper, nur in den Lenden mit einem Tierfell umgürtet, war schwarz von Sonne und Wind, seine Fußsohlen waren rauh und schwielig wie bei einem Kamel. Im Alter machte er den Menschen Angst, und niemand dachte, daß er sterblich war. Doch seine Stunde war gekommen.

Ihr, die ihr zuhört! Im Buch steht geschrieben: »Alle werden im Schoße der Wahrheit empfangen – es sind die Eltern, die aus den Kindern Juden, Christen oder Feueranbeter machen.« Der Weise aber ist wie der Blinde: Er ertastet jeden Stein auf dem Weg und wählt den rechten Weg, er hebt sein Gesicht empor, reckt sich zur einzigen Quelle von Licht und Wärme. Er denkt an das Leben und den Tod und mindert so seine Furcht davor. Und es waren ihrer nicht wenige, die den unausweichlichen Kelch ruhig annahmen; es gab auch die, die da sagten: Er ist ebenso süß wie der Kelch des Lebens. Nur ein Narr streckt im Leben die Hand nach dem Kelch des Todes aus. Sein Anblick ist widerlich. Aber auch der ist ein Narr, der nicht an das Unausweichliche denkt, der vergißt, daß alle Sterblichen den einen Geliebten haben sollen, der Gnade hat und Demut verlangt. Ihr, die ihr zuhört! Hört aufmerksam zu, so wie der Mensch dem Menschen immer zuhören soll, und denkt nach, wenn ihr zuhört. Denn wir reden – und vermischen dabei die fremden, guten Worte mit unseren aufrichtigen Worten – über das, was keinem einzigen von uns fremd ist, und unser Ziel ist Trost.

Im Buch steht geschrieben: »Wir sind dem Menschen näher als seine Halsschlagader.« Gott ist barmherzig. Er weiß, was gut und was schlecht ist für uns. Er schuf uns als Sterbliche, wir aber sinnen darauf, uns dem Tod zu widersetzen. Vergebliches Bemühen! Habt ihr gehört, was es Alexander den Großen kostete, das Land der Finsternis zu erreichen? Und doch gelang es ihm nicht, vom Wasser des ewigen Lebens zu trinken, von dem man ihm gesagt hatte: Es ist im Land der Finsternis. Den Engel der Winde kümmert es nicht, daß durch seinen Flügelschlag die Lampe einer armen Witwe erlischt. Der Bote des Todes hört nicht das Flehen des Hirten noch die Klage des Herrschers. Warte: Die Erde frißt das Gehirn aus unseren Schädeln, die voller Pläne sind. Der Tod ist kein Mongole, und du bist nicht Atabek Abu Bakr: Du kannst dich nicht mit Gold von ihm freikaufen. Aber suchet Trost.

Der Prophet widersetzte sich dem Willen Gottes in der Wüste, und für seinen Ungehorsam wurde er schwer bestraft: Gott verbot ihm, in das Gelobte Land einzugehen. Der Prophet empörte sich in seinem Geiste, als er sich erinnerte, daß er sterblich war und der Tod schon nahe, denn er war alt. Er sagte: »Ich werde einen Zweikampf mit ihm austragen.« Am Mittag, als er durch das Lager der Juden in den Bergen des Moab ging, sah er auf den weißen Steinen neben sich den eigenen Schatten nicht. Er erzitterte vor Furcht, und sein Kopf trübte sich wie bei jemandem, der vom Fieber geschüttelt wird. Dann ging er zu seinem Zelt, wie ein verletztes Tier auf seinen Gegner zugeht. Er gürtete sein Schwert um und befahl, Speisen zu bringen. Er aß viel und gierig bis zur Übersättigung. Er verspürte Schmerz und Übelkeit wie von einem Gift, wie von der Frucht des Höllenbaums Zaqqum, und wurde grün im Gesicht, war schweißbedeckt wie eine gebärende Frau, legte sich auf den Boden und schrie wild: »Seht, ich sterbe, zieht die Schwerter und steht auf zu meinem Schutz!« So schrie er am ersten Tag. Am zweiten Tag wurden die Schmerzen stärker, und er begann zu flehen, schäumte und stöhnte: »Ruft einen Arzt zu mir!« Als aber der Arzt feststellte, daß er machtlos war, und der dritte Tag anbrach, sagte der Prophet leise: »Oh, habt Mitleid mit mir! Der Tod ist unbesiegbar!« Er wurde schwächer und fiel in einen Schlaf, und er schlief den ganzen Tag, und die Schmerzen wichen von ihm. Als er erwachte und sah, daß es schon Nacht und er allein war, empfand er wieder die Süße des Lebens und den Schmerz des Scheidens. Da traten zwei dunkle Engel zu ihm herein, um ihn zu trösten und bereitzumachen.

Der eine setzte sich ans Kopfende, der andere zu Füßen des Propheten. »Sprich!« sagten sie. Doch er schwieg und antwortete ihnen nicht, dachte nach. Er blickte durch das aufgeschlagene Vordach des Zelts in die Nacht und spürte voller Furcht die Anwesenheit der Engel, denn die Wahrheit war noch nicht in alle seine Adern gedrungen. Und es war so still in dem Zelt und in der Wüste, daß alle drei das Rauschen des heißen Windes vernahmen, der in der Dunkelheit vorbeistrich. Die Sterne aber leuchteten düster wie immer in einer heißen Nacht.

»Gott ist barmherzig zu Seinen Geschöpfen«, sagte der Engel, der am Kopf des Propheten saß.

»Hier ist ein Mensch, der leidet: Er lag im Sterben, und er stirbt«, sagte der Engel, der zu seinen Füßen saß.

Sie wollten den Propheten prüfen, doch er verstand das. Und er überlegte und antwortete:

»Das war nicht der Tod, sondern eine Krankheit, eine Strafe. Ist es nicht besser, so zu denken? Denn wer den Tod erlebt hat, kann nicht über ihn reden. Wir kennen ihn nicht.«

»Die Sonne ist der Quell des Lebens«, sagte der Engel, der am Kopfende saß.

»Aber sie ist auch tödlich wie eine Hornotter«, sagte der Engel, der gegenüber saß.

Sie wollten ihn prüfen, doch er verstand das. Und er überlegte und antwortete:

»Wir kennen Gottes Ziel nicht. Aber Er ist gut, und Sein Ziel ist ein gutes. Ist es nicht besser, so zu denken? Jeden seiner Augenblicke soll der Mensch dem Leben widmen und an den Tod nur denken, um seine Angelegenheiten auf seiner Waage zu wiegen und der unausweichlichen Stunde ohne Furcht entgegenzutreten. Wie sollte ein Händler wissen, daß er ehrlich ist mit dem Käufer, daß er ihm gibt, was ihm zusteht, wenn es keine Waage gäbe? Wie sollte der Mensch seinen Tag verbringen, wenn nicht die Empörung darüber, daß die Sonne zu ihrer Stunde aufgeht, sein Herz verlassen würde – wenn ihn der Wunsch packen würde, das nicht zuzulassen? Das wäre töricht und nutzlos.«

»Der Schlaf der Toten ist süß«, sagte der Engel, der am Kopfende des Propheten saß.

»Aber siehe, da starb im jüdischen Lager ein Mann, glücklich, jung, geliebt«, sagte der Engel, der zu seinen Füßen saß. »So höre: Da ist das Geräusch des heißen Windes, der in der Dunkelheit vorüberstreicht, die Sterne brennen düster, die Hyänen heulen und winseln vor bösem Glück, sie zerwühlen hastig das Grab, weil sie den üblen Geruch riechen und danach gieren, die Innereien zu verschlingen. Der Kummer derjenigen, die dem Verstorbenen nahestanden, ist schlimmer als das Grab selbst.«

Sie wollten den Propheten prüfen und verletzten sein Herz. Er aber überlegte und sagte ihnen:

»Ich erinnere mich an jeden Augenblick meines Lebens: die süße Kindheit, die freudige Jugend, das arbeitsame Mannesalter – und ich beweine sie. Ihr sprecht vom Grab – und meine Hände werden kalt vor Furcht. Ich bitte euch: Tröstet mich nicht, denn der Trost beraubt einen des Mutes. Ich bitte euch: Gemahnt mich nicht an den Körper, denn er wird verwesen. Ist es nicht besser, anders zu denken? Der Mensch verläßt auch eine Stelle, ein windgeschütztes Tal, wo er vielleicht nur einen Tag verbracht hat, mit Bedauern; doch er muß gehen, wenn es notwendig ist zu gehen. Sprechen wir, wenn wir voller Furcht über das Grab spechen, nicht mit den Worten der Alten, die um den Körper wußten und nicht um Gott und die Unsterblichkeit der Seele? Furchtbar ist die Erhabenheit der Göttlichen Angelegenheiten. Halten wir nicht diese Furcht für die Furcht vor dem Tod? Sprecht öfter zu euch selbst: Seine Stunde ist nicht so furchtbar, wie wir meinen. Sonst könnte weder die Welt noch der Mensch existieren.«

»Er ist weise«, sagte der Engel, der am Kopfende saß.

»Er war unbotmäßig und anmaßend«, sagte der Engel, der gegenüber saß. »Er träumte davon, mit Gott zu kämpfen, und nun wird er aufs neue bestraft: Kein einziger Sterblicher wird sein Grab in den Bergen des Moab kennen. Und damit wird sich sein Ruhm mindern.«

Sie wollten den Propheten prüfen, doch er verstand sie und antwortete ihnen unbeirrt:

»Wohltuend ist der Ruhm derer, die des Ruhmes würdig sind, für diejenigen, die nicht ruhmreich sind: Er erhebt und stärkt ihren Geist. Doch es muß vermindert werden, was Verminderung verdient. Denn selbst den Ruhmreichsten freut nur das wahre Maß an Ruhm.«

Da erhoben sich die Engel und riefen, erstaunt über die Weisheit des Propheten:

»Wahrhaftig, Gott selbst wird dich trösten! Wir verneigen uns vor dir.«

Sie waren dunkel und standen in der Dunkelheit des Zelts. Doch ihre Augen glänzten, und der Prophet sah den Sternenglanz ihrer Augen. Sie gingen davon in die Nacht, wie Schatten, und verbeugten sich sachte beim Hinausgehen. Der Prophet aber blieb allein zurück inmitten von Nacht und Wüste, auf dem Boden liegend. Und als die Sonne aufging hinter den steinigen Bergen und es hell und heiß wurde im Zelt, empfand der Prophet ein großes Verlangen, in der Kühle zu ruhen, und er verließ sein Lager und ging in das Tal zwischen den Bergen, um Schatten zu suchen. Aber auch im Tal gab es keinen Schatten mehr. Im Inneren eines Berges aber gab es eine Höhle. Schon schlugen zwei Sklaven mit spitzen Hacken einen Eingang zur Höhle. Die Steine vor dem Eingang waren weiß wie Bergschnee und heiß von der Sonne. Das schwarze Haar der kupfergesichtigen Sklaven und die Tücher um ihre Lenden waren schweißnaß. Aber zwei frische Früchte, zwei Äpfel lagen auf einem Stein vor der Höhle, und in der Höhle herrschten Dunkelheit und Kühle. Die Arbeiter ließen die Hacken fallen und sagten:

»Wir grüßen dich, Herr und Führer, im Namen Gottes des Gnädigen und Barmherzigen. Siehe, wir haben unsere Arbeit beendet.«

Der Prophet fragte sie:

»Wer seid ihr, und was habt ihr gemacht?«

Sie aber antworteten ihm:

»Wir haben für den König eine Gruft bereitet. Tritt ein, sieh dich um und ruhe dich aus vom Weg und von der Hitze. Erfrische deinen Mund mit den Früchten und sage uns: Welche ist süßer und reifer?«

Der Prophet trat in die Höhle, setzte sich auf das steinerne Lager an der Wand und verspürte Schatten und Kühle. Er biß von der ersten Frucht ab und sagte:

»Wahrhaftig, das ist das Leben selbst: Ich trinke

Quellwasser, ich rieche den Duft der Feldblumen und schmecke Wespenhonig. Ich bin munter und kräftig.«

Nachdem er von der zweiten Frucht abgebissen hatte, rief er aus:

»Wahrhaftig, das ist unvergleichlich: Ich trinke paradiesische Weine, mit Moschus versiegelt, vermischt mit dem Wasser von Tasnim, der Quelle, die den Durst derer stillt, die sich dem Ewigen nähern. Ich rieche das Aroma von Al-Dschinnat, dem Himmlischen Garten, und ich schmecke den Honig aus seinen Blüten: In diesem Honig ist kein bitterer Beigeschmack. Ein seliger Traum trübt mir den Kopf. Weckt mich nicht, Sklaven, bis meine Zeit sich erfüllt hat.«

Die Sklaven – sie waren Engel, Sklaven Gottes – führten seine verhallende Rede leise fort:

»Bis«, sagte der erste und las die Sure über die Große Verkündigung, »bis die Sonne gekrümmt ist, die Sterne vom Himmel fallen, sich die Berge von der Stelle bewegen, die Kamelkühe verlassen werden, die wilden Tiere sich in Herden versammeln und das Meer zu kochen beginnt ...«

»Yâ Sîn«, sagte der zweite und las die Abschieds-Sure. »Ruhm dem, der über die ganze Welt herrscht! Ihr alle kehrt zu Ihm zurück ...«

Und während er ihrem Flüstern lauschte, aber ihre Worte nicht hörte, legte der Prophet sich auf das Lager und schlief den Schlaf des Todes und wußte es nicht. Die Engel verschlossen den Eingang zur Grabhöhle und gingen davon zu dem Herrn, der sie geschickt hatte.

Und der Prophet ging hinüber zu seinem Volk, gesättigt von den Tagen und ohne das Ende seiner Tage zu bemerken. Und niemand hat bis heute sein Grab in den Bergen des Moab geschaut. Doch seine Weisheit ist eingeprägt im Gedächtnis aller Völker und aufgeschrieben in den Himmeln im ewigen Buch Gilljun.

Scheich Saadi – sein Name sei gesegnet! –, Scheich Saadi – viele seiner Perlen haben wir neben den eigenen auf der Perlenschnur des guten Stils aufgereiht – hat uns von dem Menschen erzählt, der die Süße der Annäherung an den Geliebten erfahren hat. Dieser Mensch war in Kontemplation versunken; aber als er erwachte, fragte man ihn mit einem freundlichen Lächeln: »Wo sind die Blumen aus dem Garten deines Traums?« Und der Mensch antwortete: »Ich wollte für meine Freunde eine ganze Handvoll Rosen pflücken; doch als ich mich dem Rosenstrauch näherte, machte mich sein Duft so trunken, daß ich sie fallen ließ.«

Wer kann, der mag die Erzählung des Dichters mit der unseren verbinden.

Friede und Freude allen Lebenden!

Nachwort von Thomas Grob

»Nehmen Sie Bunin aus der russischen Literatur heraus und sie wird glanzlos, verliert ihren Regenbogenschein und das Sternenlicht seiner einsamen Wandererseele.«
Maxim Gorki an den Schriftsteller Alexej Solotarjow, 1911

Die Jahre nach 1910 waren für Iwan Bunin, der in Russland vorher vor allem als Dichter bekannt war, die Jahre seines ersten Ruhms als Prosaautor, und es waren – für jemanden aus der Provinz und ohne höhere Ausbildung keine Selbstverständlichkeit – Jahre reger Kontakte im kulturellen Milieu Moskaus und Petersburgs. Er frönte in dieser Zeit ausgiebig seiner vielleicht größten Leidenschaft, dem Reisen – und er war literarisch enorm produktiv. Im November 1909 war Bunin mit seinen 39 Jahren bereits Ehrenmitglied der Akademie geworden. Nur wenige Tage zuvor wurde ihm zum dritten Mal der begehrte Puschkin-Preis zugesprochen, zusammen mit dem befreundeten Alexander Kuprin. Letzterem wurde die Auszeichnung für seine Prosa verliehen – Bunin einmal mehr für seine Lyrik. Nun, zwei Jahre später, begann man vornehmlich über Bunins Erzählungen zu sprechen, vor allem, seit im Herbst 1910 seine Erzählung »Das Dorf« erschienen war, die heftige Diskussionen über das russische Dorf und seine Perspektiven auslöste. Die Resonanz auf Bunins Prosa war aber vor allem ihren sprachlichen Qualitäten und ihrem ganz eigenen Ton geschuldet. So lobte auch Kuprin in dieser Zeit den »Stilisten« Bunin und dessen »Geheimnis, wie niemand sonst die feinsten Stimmungen und Schattierungen der Natur, Laute, Gerüche, Farben und Gesichter wiederzugeben«.

Bunin gehörte nie zu einem festen Kreis, weder politisch noch literarisch, nun sehr wohl aber zum inneren Zirkel des literarischen Lebens. Bei einer Gedenkfeier für den 1904 verstorbenen Anton Tschechow im Moskauer Künstlertheater etwa trug er seine Erinnerungen und – die Stimme des Autors imitierend – eine Erzählung Tschechows vor; er pflegte auch ein freundschaftliches Verhältnis zu dessen Schwester, die ihn vergebens bat, die Briefe ihres Bruders herauszugeben und seine Biographie zu schreiben. Die Stimmung unter den Intellektuellen im Land war düster in diesen Jahren. Die erste Revolution 1905 mit ihren Gewaltausbrüchen war zwar verebbt, doch hatte sie nicht zu den erhofften nachhaltigen Reformen geführt. Die auch in Europa verbreitete Stimmung eines untergehenden Zeitalters, des nahen Endes alter, verkrusteter Verhältnisse mündete in Russland in eine Atmosphäre dunkler, ja apokalyptischer Ahnungen kommender Umwälzungen. Entsprechend schwierig war es, in dieser Zeit eine intellektuelle Position zu finden. Auch Bunin zweifelte immer wieder an sich, und er erzählte Freunden von »Tantalusqualen«:

Schon sein ganzes Leben könne er nicht das ausdrücken, was er eigentlich ausdrücken wolle. Der russische Symbolismus, den er ablehnte, geriet in diesen Jahren in eine existenzielle Krise. Die neuen, avantgardistischen Strömungen, die Bunin erst recht fremd bleiben würden, sollten sich erst kurze Zeit später formieren.

Für Bunin war das Jahr 1911 geprägt von höchst wechselhaften Stimmungen. Bunins Mutter war im Juli 1910 gestorben, Lev Tolstoj im November – beides hatte Bunin schwer getroffen. Er setzte sein unstetes Leben fort. Den Jahreswechsel erlebte er mit seiner Frau auf einer Reise nach Ägypten und Ceylon – darüber schrieb er später in seinen Reisebildern, die er den ›exotischen‹ seiner Reisen widmete (s. den Band *Der Sonnentempel*). Im Februar notiert er in sein Reisetagebuch, sein Leben sei eine »freudige Teilnahme am Ewigen und Zeitlichen, Nahen und Fernen« auf dieser »Erde, die er so liebe«, und der Ausruf »Gott, gib mir mehr Zeit!« setzt sich fort in Betrachtungen darüber, dass es trotz allem in der Welt etwas »Unerschütterlich-Heiliges« geben müsse.

Die Reisen lenkten Bunin nicht ab, sondern förderten seinen unbestechlichen Blick auf die eigene russische Umgebung. Als er im April zurückkehrte und sich für die Sommermonate zu seinen Verwandten auf das bescheidene Familiengut im Dorf Glotowo zurückzog, arbeitete er viel. Der Sommer war bis weit in den Juli kalt und regnerisch, und Bunin sehnte sich nach dem Süden. Seine Frau Vera Muromzewa erinnert sich, auf dem Dorf sei Bunin ein völlig anderer Mensch gewesen – bis hin zur Kleidung und dem geregelten Tagesablauf, den er sonst nie hatte. Aus Bunins Tagebucheinträgen lässt sich ersehen, wie er gerade für die kürzeren Erzählungen Figuren aus dieser Umgebung verwendete. Am ausführlichsten dokumentiert ist das beim Greis Taganok (»Hundertacht«), den Bunin in der Erzählung sogar mit seinem richtigen Namen nannte.

Diese Aufenthalte auf dem Land waren für Bunin immer auch Konfrontationen mit der Kindheit und den Jugendjahren. Das wird hier nicht mehr ganz so deutlich wie in den frühen Erzählungen (vgl. den Band *Am Ursprung der Tage*), doch schimmert es immer wieder durch – wie bei dem Gymnasiasten, der sich einen ganzen Sommer lang so viel Mühe gab, wie die Bauern zu leben, und nun feststellen muss, dass er von ihnen und ihrem Leben im Grunde nichts weiß (»Gespräch in der Nacht«). Es ist nur die halbe Wahrheit, wenn Bunin nach einem Besuch des Hofs, wo die Familie früher gewohnt hatte, notiert: »Wie traurig war meine Kindheit!« Denn in Bunins Bildern vom Dorf, in der poetischen Kraft der Naturbeschreibungen schwingen die Erinnerungen an eigene kindliche Wahrnehmungen mit. Bunin verklärt die Kindheit nie, doch ist sein Dorf immer auch der Ort, wo er die Welt wahrzunehmen und zu lieben lernte.

Neben den genannten Erzählungen und »Der fröhliche Hof« sowie »Ohne Titel« arbeitete Bunin in diesem Sommer an der Reiseerzählung »Der Schrei« (s. den

Band *Der Sonnentempel*) und an der langen Erzählung »Suchodol«. Nach der ersten Augustwoche reiste er, der es nie lange an einem Ort aushielt, nach Odessa, wo er die Arbeit fortsetzte; dort entstand »Die Kraft«. Im russischen Süden brachen damals immer wieder Choleraepidemien aus, und im September reiste Bunin mit seiner Frau bereits weiter: diesmal aber nicht per Schiff über das Schwarze Meer, sondern über Petersburg nach Berlin, dann durch Deutschland in die Schweiz – wo er etwa das Hotel Schweizerhof aus Tolstojs Skizze »Luzern« besucht – und anschließend nach Genua und Florenz, um schließlich auf Capri den Winter zu verbringen.

Bunin war mehrmals im Winter auf Capri; dieses Mal blieben die Bunins von Anfang November bis Mitte Februar. Capri war keineswegs nur Urlaubsort, es war auch ein Zentrum des russischen intellektuellen Lebens um Maxim Gorki, der aus politischen Gründen nicht nach Russland fahren konnte und wegen seiner Tuberkulose im Süden lebte. Nach Tolstojs Tod war Gorki in Europa der bekannteste lebende Autor aus Russland; dies verdankte er seinen internationalen Bühnenerfolgen. Bunin sah sich anders und meinte, er selbst sei »trotz allem als Versdichter geboren«. Immerhin war sein Vorlesen an der Gedenkveranstaltung für Tschechow so eindrucksvoll gewesen, dass Stanislawski ihn in seine Theatertruppe aufnehmen wollte.

Bunin schreibt auch hier intensiv, und Gorki bezeichnet ihn in dieser Zeit verschiedentlich als besten Stilisten, ja als besten Autor Russlands. Bunins Verhältnis zu ihm kühlt sich aber innerlich ab, als würde er ahnen, dass die bald ausbrechende Revolution sie heftig und endgültig entzweien würde. Auf Capri entstanden die Erzählungen »Swertschok«, »Ein gutes Leben« und »Der Tod«. Am Silvesterabend nach russischem Kalender trug Bunin in einer Runde, in der sich auch Gorki befand, die Erzählung »Der fröhliche Hof« vor. Zu der Zeit planten die Bunins bereits eine weitere Reise in den Osten; diesmal wollten sie – was nie gelingen sollte – bis nach Japan reisen und durch Sibirien zurückkehren.

Bunins acht Erzählungen aus dem turbulenten Jahr 1911 sind Erzählungen vom Land. Auch in ihnen werden idealisierende Vorstellungen über den russischen Bauern unterlaufen, doch geht es weniger als in »Das Dorf« und »Suchodol« um große kulturelle Dimensionen. Im Zentrum stehen einzelne Menschen, die ausführlich beschrieben werden. Die meisten von ihnen erzählen selbst aus ihrem Leben, und natürlich erweisen sich die dramatischen Dinge als die erzählenswerten. So berichten die Knechte im »Gespräch in der Nacht« ebenso wie Burawtschik in »Die Kraft« von ihren schlimmsten Taten, der Sattler Swertschok erinnert sich an den Tod seines Sohnes in einer eisigen Winternacht, und die Erzählerin in »Ein gutes Leben«, die noch aus einer leibeigenen Familie stammt, beschreibt zwischen Stolz und Verbitterung ihren ›Aufstieg‹ und was sie dafür erleiden musste. Überhaupt scheinen Frauenschicksale Bunin besonders zu interessieren. »Der fröhliche Hof« schildert das Schicksal der hungernden Bäuerin Anissja, die sich zu ihrem Sohn Jegor aufmacht und dann stirbt, ohne ihn noch einmal gesehen zu haben; dieser, ein Taugenichts, zerbricht am Tod seiner Mutter. Die Miniatur »Ohne Titel« dreht das Verhältnis zwischen Vorstellung und Realität gleichsam um: hier ist es nur der Schneemann im Hof, der nachts die Kinder erschreckt. Als einzige Erzählung steht »Der Tod« außerhalb der Reihe; in legendenhaft stilisierter Rede und angelehnt vor allem an den Koran wird hier der Tod des Propheten Mose erzählt.

Der hundertachtjährige Taganok, der immerhin noch »die Franzosen« erlebt hatte, kann sich an wenig erinnern, und das Vergessen ist bei Bunin der vielleicht schlimmste Feind der Kultur. Doch weder der schwierige Alltag noch die Zeitlosigkeit des Alters hindern Taganok daran, leben zu wollen. Gerade an seinem Beispiel lässt sich Bunins klarer, aber dennoch geradezu liebevoller Blick auf diese Figuren erkennen; er beschreibt sie mit einer sprachlichen Sorgfalt, als gelte es, den wahren Akteuren der Weltgeschichte ein Denkmal zu setzen. Vor dem Hintergrund teilweise tragischer Geschehnisse verleihen seine Erzählungen den Figuren, die so randständig wie typisch sind, eine ganz eigene Würde und Kraft. Bunin besuchte nach Taganok noch eine alte Witwe im Dorf, war entsetzt über ihre Behausung und notierte dann in sein Tagebuch: »Wozu soll man sich da Erzählungen ausdenken – es reicht völlig, einen Spaziergang zu beschreiben.« Bunins Realismus ist auch in diesen Erzählungen der Realismus eines Dichters, ein Realismus, der in den Mühen des Alltags die Lebenskraft seiner Figuren aufscheinen lässt.

Editorische Notiz

Dieser Band setzt die Werkausgabe Iwan Bunins mit Erzählungen fort, die im Jahr 1911 verfasst wurden. Nach den Bänden außerhalb der Chronologie der Werkentstehung – das Revolutionstagebuch *Verfluchte Tage*, die Reisebilder im Band *Der Sonnentempel* – und den großen Erzählungen »Das Dorf« und »Suchodol« (1910/1911) schließt er an die frühen Erzählungen im Band *Am Ursprung der Tage* an.

Das Prinzip dieser Ausgabe ist es in allen Bänden, die Texte in von Bunin selbst edierten, aber weitgehend originalen Fassungen aufzunehmen. Damit soll der Kontext der Enstehungszeit nicht durch die teilweise abweichende spätere Perspektive Bunins in der Emigration überdeckt werden. Für das Jahr 1911 und die darauf folgenden Jahre liegt deshalb die von Bunin selbst betreute Gesamtausgabe von 1915 (*Polnoe sobranie sotschinenij*, Bd. 1–6, Petrograd: A. F. Marks) zugrunde. In ihr sind in den Bänden 5 und 6 alle hier vorliegenden Texte enthalten. Diese originalen Fassungen sind durchgängig länger als in späteren Ausgaben; Bunins spätere Eingriffe waren – von häufigen Titeländerungen abgesehen – weitestgehend Kürzungen.

Der Band nimmt die 1911 verfassten Erzählungen vollzählig auf; die Reihenfolge entspricht derjenigen, die Bunin für die Werkausgabe von 1915 wählte; sie gibt die Chronologie der Entstehung wie diejenige der Erstpublikationen in Zeitungen nur teilweise wieder. In dieser ursprünglichen Gestalt werden die Erzählungen alle zum ersten Mal ins Deutsche übersetzt.

Zu den Texten

»Hundertacht« (Sto wosem): das Manuskript ist datiert mit »3.–8. Juli 1911, Glotowo«. Erstpublikation unter diesem Titel in einer Zeitung August 1911; später als »Der Mensch aus der Vorzeit« (Drewni tschelowek) erschienen.

»Gespräch in der Nacht« (Notschnoi rasgowor): geschrieben auf Capri, 19.–23. Dez. 1911, erschienen Anfang 1912.

»Die Kraft« (Sila): geschrieben im August 1911 in Odessa, erschienen im September 1911.

»Ein gutes Leben« (Choroschaja schisn): in der Werkausgabe datiert mit Nov. 1911; erschienen Anfang Januar 1912.

»Swertschok«: in Notizen Bunins datiert mit »Capri, 28.–30. Nov. 1911«, erschienen im Dezember 1911.

»Der fröhliche Hof « (Wesjoly dwor): geschrieben im Sommer 1911, von Bunin öfter vorgetragen, publiziert 1912. Für die späteren Fassungen strich Bunin den Schluss; die Erzählung endet dann mit dem Tod Jegors.

»Ohne Titel« (Bes saglawija): die Handschrift trägt den Titel »Schlaflosigkeit« und ist datiert mit »29. Juni –

2. Juli 1911«. Erstpublikation in einer Zeitung Nov. 1911 als »Aus den Erzählungen ohne Titel«; später als »Der Schneestier« (Snjeschny byk) erschienen.

»Der Tod« (Smert): Erstpublikation in einer Zeitung Dez. 1911 als »Tod Mose«, später als »Tod des Propheten« erschienen.

Die im Juni 1911 verfasste und im Oktober desselben Jahres erschienene Erzählung »Der Schrei« (Krik) findet sich im Band *Der Sonnentempel.*

Anmerkungen der Übersetzerin

13, 6 Alte russische Gewichtseinheit, entspricht 16 kg.

13, 22 (Russ. narod-bogonosez) In Fjodor Dostojewskis Roman *Besy* (dt. *Die Dämonen* oder *Böse Geister*) erklärt der Student Schatow, das einzige Gottesträgervolk sei das russische Volk.

15, 17 Sieben Wochen vor Ostern.

19, 27 Abschätzige oder auch scherzhafte, familiäre Bezeichnung für Ukrainer oder Kleinrussen.

20, 7 Mariä Lichtmeß.

20, 24 Bis Mitte des 19. Jh. der bedeutendste Getreidemarkt Moskaus.

20, 29 Hügelartige, bewaldete Erhebung am rechten Ufer der Moskwa im Südwesten Moskaus.

27, 14 Der Feiertag, auch Mariä Himmelfahrt oder Mariä Aufnahme in den Himmel genannt, wird am 28. August begangen.

31, 23 Nikolaj Iwanowitsch Naumov (1838–1901), russischer Schriftsteller, dessen Werke sich vornehmlich mit den sibirischen Bauern nach der Bauernbefreiung beschäftigen.

31, 23 Filipp Diomidowitsch Nefjodow (1838–1902), russischer Schriftsteller und Ethnograph.

32, 15 Russ. chomut = dt. Kummet, übertragen auch Last, Bürde, Kreuz.

33, 29 Russ. Wereteno = dt. Spindel.

38, 12 Gemeint ist Sugdidi, eine Stadt im Westen Georgiens; die Arbeiter sprechen den Namen falsch aus.

38, 26 Gemeint ist Senaki, eine Stadt im Westen Georgiens; die Arbeiter sprechen den Namen falsch aus.

44, 16 Alte russische Maßeinheit. Eine Desjatine entspricht 1,09 Hektar.

63, 17 Das Fest der Heiligen Quiricus und Julitta wird in der orthodoxen Kirche am 15. Juli begangen.

69, 12 Dorfältester, Gemeindevorstand.

74, 20 Russ. burawtschik = dt. Handbohrer, Nagelbohrer, kleiner Bohrer.

77, 21 Altes russische Längenmaß, ein Arschin entspricht 0,71 m.

85, 8 Russisches Weizengebäck, eine Art Kringel, bei dem in der traditionellen Backweise eine Seite rundlich verdickt und die andere Seite wie ein Bogen oder Henkel geformt war.

88, 15 Gemeint ist die Bauernbefreiung 1861.

95, 21 Feiertag anläßlich von Ereignissen am Zarenhof, etwa Geburtstage der Zarenfamilie, Jahrestag der Thronbesteigung oder der Krönung u. a.

101, 21 Eine Griwna entspricht zehn Kopeken.

110, 11 Alte russische Maßeinheit, entspricht $\frac{1}{10}$ Eimer bzw. 1,3 Liter.

117, 3 Als Wolfsbillett oder Wolfspaß wurden von den Behörden ausgestellte Dokumente, Ausweise etc. bezeichnet, aus denen hervorging, daß sich der Inhaber des Dokuments Unzuverlässigkeiten hatte zuschulden kommen lassen oder mit einer Strafe belegt war, daß er mit einem Niederlassungsverbot für bestimmte Orte belegt war, daß er nicht an einer staatlichen Universität studieren durfte oder anderes.

131, 18 Am 21. November begangener Mariengedenktag (auch Mariä Opferung, Mariä Darstellung oder Mariä Einführung in den Tempel genannt).

141, 13 Swertschok (dt.: Grille, Heimchen) ist nur der Spitzname. Daß der Sattler mit Vornamen Ilja heißt, erkennt man daran, daß sein Sohn mit Vatersnamen »Iljitsch« heißt.

141, 21 Gestalt aus der russischen Folklore.

146, 1 Die Trojka bezeichnet ein Dreigespann mit einem Mittelpferd und zwei Seitenpferden, eine bestimmte Art der Bespannung von Fuhrwerken oder Schlitten.

158, 4 Der russ. als »Soroki« (von sorok = vierzig) bezeichnete Feiertag wird am 9. März begangen.

204, 8 Diese drei Städte gehören zusammen mit Schelesnowodsk zu den vier schon im 19. Jh. für ihr Mineralwasser berühmten »Mineralwasser-Kurorten« im Kaukasus.

205, 4 Kaukasischer Filzmantel.

210, 23 Der Feiertag des Propheten Elias wird am 2. August begangen.

213, 3 Russisch-Japanischer Krieg 1904–1905.

216, 13 Zehnrubelschein.

217, 21 Zum Begräbnis wird der Sarg auf großen, unter dem Sarg hindurchgezogenen und über die Schultern der Träger gelegten Tüchern getragen.

242, 23 Die 36. Koran-Sure (Yâ Sîn) wird häufig bei der Begleitung eines Sterbenden rezitiert, um diesem Ruhe und Frieden zu vermitteln und ihm zu erleichtern, seine Seele dem Schöpfer zu übergeben.

243, 6 Hier ist vermutlich *ʿIllīyūn* gemeint, ein Ausdruck, der im Koran zweimal (83, 18, 19) vorkommt und unter dem muslimische Kommentatoren laut *Encyclopaedia of the Qurʾān* das Buch verstehen, in dem die guten Taten der Frommen verzeichnet werden.

Inhalt